Be strong and courageous
강하고 담대하라

이영훈 지음

초판 1쇄 발행 2023년 9월 1일
초판 2쇄 발행 2023년 9월 5일

편 집 인	김호성
발 행 처	서울말씀사

출판등록	제2016-000172호
주　　소	서울시 영등포구 은행로 55, 5층
전　　화	02-846-9222
팩　　스	02-846-9225

ISBN 978-89-8434-902-5

*책값은 뒤표지에 있습니다.

이 책은 저작권법에 따라 보호받는 저작물이므로
무단 전재와 복제를 금합니다

Be strong
and courageous

강하고 담대하라

이영훈 지음

머리말

하나님의 명령,
"강하고 담대하라!"

인생을 살아가는 동안 우리는 수많은 문제를 마주하게 됩니다. 건강이나 물질, 지위나 명예를 잃어버리기도 하고 사람들과의 관계에 어려움이 생기기도 합니다. 코로나19 팬데믹, 튀르키예 대지진, 우크라이나 전쟁과 같이 예기치 못한 고통의 시간도 만나게 됩니다. 이처럼 우리 삶에서 문제는 항상 일어날 수 있습니다. 그러나 우리의 믿음이 약해져서 문제 앞에 맞설 용기와 힘을 잃어버린다면 그야말로 큰 문제가 아닐 수 없을 것입니다.

가나안 땅 진입을 눈앞에 두고 있던 이스라엘 백성이 그러했습니다. 출애굽 1세대는 모두 광야에서 죽었고, 40년 동안이나 자신들을 이끌었던 위대한 지도자 모세는 하나님의 품으로 돌아갔습니다. 설상가상으로 싸워서 물리쳐야 할 가나안 족속들은 거대한 체구에 강력한 무기와 군대까지 갖추고 있었습니다. 이스라엘 백성들 앞에 켜켜이 놓인 문제들은 그들의 마음을 물처럼 녹였습니다. 그러나 그때 하나님은 단호하게 명령하셨습니다.

> "내가 네게 명령한 것이 아니냐 강하고 담대하라 두려워하지 말며 놀라지 말라 네가 어디로 가든지 네 하나님 야훼가 너와 함께 하느니라 하시니라"(수 1:9)

모두가 문제를 마주하지만, 문제를 바라보는 자세는 똑같지 않습니다. 누군가는 문제로 인해 절망하며 넘어지지만, 누군가는 그 문제를 발판 삼아 성공의 길로 나아갑니다. 누군가는 문제로 끙끙 앓다가 교회에 나오지도 못하며 영적 침체 속에 빠져 살지만, 누군가는 문제를 가지고 부르짖으며 기도하다가 하나님과 더 깊은 교제 안에서 성령충만한 삶을 살아갑니다. 여러분은 어떻습니까?

여호수아는 하나님의 명령에 순종했습니다. 그리고 마침내 젖과 꿀이 흐르는 약속의 땅을 정복했습니다. 우리도 여호수아처럼 강하고 담대한 믿음으로 나아가야 합니다. 문제 너머에는 하나님이 우리에게 약속하신 꿈과 비전의 땅이 놓여있습니다. 이제, 우리가 그 땅을 점령해야 할 때입니다.

여호수아서는 오늘날 어려운 시기를 겪고 있는 우리에게 큰 용기와 비전을 주는 말씀입니다. 그래서 저는 2023년 송구영신예배부터 시작하여 주일마다 여호수아서의 말씀을 가지고 성도님들과 함께 은혜를 나누었습니다. 그때 받았던 은혜를 정리하여 책으로 출판하게 되었습니다.

이 책을 읽는 모든 분이 여호수아서에 담긴 하나님의 말씀을 붙들고 다시 일어날 수 있기를, 또한 믿음으로 전진하여 오랫동안 소망했던 꿈과 비전의 땅을 점령해 나아가시길 간절히 소망합니다.

우리도 여호수아처럼 살아봅시다!

여의도순복음교회 담임목사
이영훈

Contents

머리말   04

01 과거의 삶에서 벗어나고 싶다면
약속의 땅으로 나아가라   10

02 인생의 과제를 마주할 때
너를 대적할 자 없으리라   26

03 나아갈 방향을 알고 싶을 때
말씀을 지켜 행하라   46

04 크고 작은 문제 앞에서
강하고 담대하라   64

05 선택의 기로에 섰을 때
라합의 믿음   80

06 내 생각과 계획이 앞설 때
요단을 건너라   96

07 한계에 부딪힌다고 느낄 때
여리고를 무너뜨리라 114

08 온전한 순종에 대하여
아이 성의 교훈 136

09 영적 싸움에서 이기려면
태양아 멈춰라 154

10 포기하고 싶은 마음이 들 때
도전과 성취 172

11 세상 속에서 크리스천으로 살기
하나님만 섬기겠노라 194

부록 여호수아처럼 살아보기 213

01

#전진 #변화 #약속

이제, 다시 일어날 때입니다

과거의 일로 인해 머뭇거리고 있나요?
실패의 경험 때문에 주저앉아 있나요?
그 자리에 그대로 있으면 아무것도 변하지 않습니다.

오늘보다 나은 내일을 원한다면
지금의 자리에서 일어나야 합니다.
한 발자국이라도 앞으로 나아가야 합니다.

강하고
담대하라

야훼의 종 모세가 죽은 후에 야훼께서 모세의 수종자 눈의 아들 여호수아에게 말씀하여 이르시되 내 종 모세가 죽었으니 이제 너는 이 모든 백성과 더불어 일어나 이 요단을 건너 내가 그들 곧 이스라엘 자손에게 주는 그 땅으로 가라 내가 모세에게 말한 바와 같이 너희 발바닥으로 밟는 곳은 모두 내가 너희에게 주었노니 곧 광야와 이 레바논에서부터 큰 강 곧 유브라데 강까지 헷 족속의 온 땅과 또 해 지는 쪽 대해까지 너희의 영토가 되리라 _여호수아 1장 1-4절

과거의 삶에서 벗어나고 싶다면

약속의 땅으로 나아가라

여호수아서 1장에는 가나안 정복을 앞둔 여호수아와 이스라엘 백성들에게 하나님이 주신 약속의 말씀이 기록되어 있습니다. 이 말씀은 이 세상을 살아가는 동안 하나님이 주시는 여러 모양의 땅을 정복하기 위해 믿음으로 전진해야 하는 우리 모두에게 주시는 말씀이기도 합니다.

특히 1-4절에서 하나님은 이스라엘의 새로운 지도자 여호수아를 부르셔서 축복의 땅 가나안으로 들어가기 위해 이스라엘 백성들이 반드시 따라야 할 세 가지 명령을 주셨습니다.

1. 과거를 돌아보지 말라

여호수아서 1장 1절은 모세의 죽음에 대한 말씀으로 시작합니다.

> "야훼의 종 모세가 죽은 후에 야훼께서 모세의 수종자 눈의 아들 여호수아에게 말씀하여 이르시되"(수 1:1)

이스라엘 백성들이 40년 동안 믿고 의지하고 따랐던 지도자 모세가 120세를 일기로 하나님의 부르심을 받았습니다. 모세는 이스라엘 역사에 큰 발자취를 남긴 위대한 지도자였습니다. 그러나 이제 모세는 이스라엘 백성들의 곁에 없습니다. 이스라엘 백성들은 다시 그를 만날 수도 없고 그의 말을 들을 수도 없습니다. 다시 말해, 모세는 이스라엘 백성들에게 과거가 된 것입니다.

죽은 모세가 이스라엘 백성들에게 다시 돌아올 수 없는 것처럼 지난 과거는 돌아오지 않습니다. 아무리 그립고 아쉬워도 과거는 돌아오지 않습니다. 아무리 땅을 치며 후회해도 과거는 바뀌지 않습니다. 과거는 이미 죽은 시간이기 때문입니다. 그러나 안타깝게도 죽은 과거의 시간에 매여 사는 사람들이 많습니다.

　인간이 겪는 고통의 근원은 대부분 과거에 있습니다. 과거에 부모와 형제에게 미움받고, 친구, 연인, 동료에게 배신당하고, 학업이나 사업에서 실패했던 일들이 상처로 남아있습니다. 그런데 문제는 많은 사람이 과거에 사로잡혀서 이 상처들을 자꾸 들춰낸다는 데 있습니다. 그들은 지난 일들을 곱씹어 보면서 스스로 괴로워합니다. '나는 원래 불행한 가정에서 태어났어.' '나는 엄마 아빠로부터 사랑받지 못했어.' '내가 하는 일 중에 잘되는 건 하나도 없어.' '내 인생은 버림받은 인생이야. 그저 이렇게 살다 가는 거지 뭐.' 이렇게 과거의 상처에 매여 부정적인 생각을 한다면 그 어떤 것도 달라지지 않습니다. 오히려 더 깊은 절망의 나락으로 떨어지게 될 것입니다. 어떤 사람들은 그로 인해 불안, 무기력, 수면장애, 우울증에 시달리고, 심한 경우 알코올 중독이나 마약 중독에 빠지기도 합니다.

　얼마나 어리석은 일입니까! 과거는 이미 지나간 것입니다. 과거는 다시 돌아오지 않습니다. 그렇기에 과거의 일이 현재 우리의 발목을 잡게 해서는 안 됩니다. 우리가 할 일은 과거의 절망적인 모습을 다 떠나보내는 것입니다. 성경은 다음과 같이 선포합니다.

"그런즉 누구든지 그리스도 안에 있으면 새로운 피조물이라 이전 것은 지나갔으니 보라 새 것이 되었도다"(고후 5:17)

이 말씀대로 이전 것은 지나갔습니다. 과거에 나를 괴롭혔던 슬픔과 고통과 괴로움과 절망은 지나갔습니다. 죽은 자는 말이 없고 다시 돌아올 수 없는 것처럼 죽은 과거의 시간도 돌아올 수 없습니다. 과거 때문에 지금의 시간을 놓치며 살고 있진 않습니까? 과거에 집착하지 맙시다. 과거에 있었던 일에 매이지 말고, 과거에 겪었던 절망, 상처, 슬픔, 고통, 트라우마, 미움, 분노 등에 머물러 있지 맙시다. 거울 앞에 서서 고린도후서 5장 17절의 말씀을 자신에게 선포해봅시다. "이전 것은 지나갔다. 새것이 되었도다!"

하나님은 새로운 창조의 역사를 일으키시는 분이십니다. 하나님이 이미 새것이 되었다고 선포하셨기에 우리는 이미 새로운 존재가 되었습니다. 그러므로 더 이상 과거를 돌아보지 말고, 새로운 존재답게 앞을 향해, 우리 앞에 놓인 약속의 땅을 향해 나아가야 합니다.

2. 일어나라

하나님은 모세의 후계자로 여호수아를 세우셨습니다. 즉, 출애굽 시대의 지도자가 모세라면 가나안 정복 시대의 새로운 지도자는 여호수아입니다. 하나님은 새로운 지도자 여호수아에게 다음과 같이 말씀하셨습니다.

> "내 종 모세가 죽었으니 이제 너는 이 모든 백성과 더불어 일어나"(수 1:2)

하나님이 여호수아에게 제일 먼저 하신 말씀은 다름 아닌 "일어나라!"였습니다. 과거는 이미 지나갔으니 과거의 자리에 주저앉아 있지 말라는 것입니다. 과거에서 기인한 절망의 자리에서 일어나고, 문제의 자리에서 일어나고, 상처의 자리에서 일어나라고 말씀하시는 것입니다. '안 된다. 할 수 없다. 난 끝났다.'라는 부정적인 생각에서 일어나 믿음으로 전진하라는 말씀입니다.

특히 크리스천은 일어나서 세상의 어둠을 밝히는 빛이 되어야 합니다. 절망 가운데 희망을 주는 사람이 되어야 합니다. 그래서 이사야 60장 1절은 다음과 같이 말씀합니다.

"일어나라 빛을 발하라 이는 네 빛이 이르렀고 야훼의 영광이 네 위에 임하였음이니라"(사 60:1)

사도행전 3장에 초대교회의 첫 번째 기적이 나옵니다. 베드로와 요한이 기도하러 성전에 올라갔을 때 나면서부터 걷지 못하게 된 자를 만났습니다. 그는 혹시라도 돈을 얻을 수 있을까 하여 베드로와 요한을 바라봤는데, 베드로가 그를 향해 이렇게 외쳤습니다.

"은과 금은 내게 없거니와 내게 있는 이것을 네게 주노니 나사렛 예수 그리스도의 이름으로 일어나 걸으라"(행 3:6)

이 말씀을 외친 후에 베드로는 손을 내밀어 그를 일으켰습니다. 그러자 나면서부터 걷지 못한 자가 즉시 자리에서 일어났습니다. 그는 오랫동안 주저앉아 있던 성전 미문의 자리에서 일어나서 성전으로 들어가 하나님을 찬송했습니다.

이같이 '일어나는 역사'가 우리의 삶 속에도 나타나야 합니다. 우리는 하나님의 말씀을 붙들고 일어나야 합니다. 우리가 오랫동안 주저앉아 있는 자리가 어디입니까? 그 자리가 절망의 자리, 실패의 자리라면 지금 즉시 일어나야 합니다. 괴로움과 고통과 상처투성인 옛사람의 자리에 주저앉아 있지 말고 하나님의 말씀을 붙잡고 일어나야 합니다.

이 세상에 상처 없이 자란 사람이 어디 있겠습니까? 힘들고 어려운 시간을 보내지 않은 사람이 어디 있습니까? 정도의 차이는 있지만 모두가 나름의 어려운 시간을 보냈습니다. 그러나 우리는 고통의 시간 너머에 있는 하나님의 은혜를 바라봐야 합니다. 지금 나와 함께하시는 하나님의 은혜가 나의 현재를, 나의 미래를 아름답게 변화시켜 주실 것을 바라봐야 합니다.

크리스천은 주님과 함께하는 자들입니다. 부활의 주님은 지금도 살아 역사하셔서 우리를 일으키십니다. 주님을 바라보고 일어납시다. 주님이 오늘도 우리에게 말씀하십니다. "일어나라! 일어나라! 일어나라!" 이 말씀을 붙들고 일어나기를 바랍니다.

3. 너에게 주는 땅으로 가라

마지막으로 하나님은 이스라엘 백성에게 가나안 땅을 향해 가라고 말씀하셨습니다.

> "이 요단을 건너 내가 그들 곧 이스라엘 자손에게 주는 그 땅으로 가라"(수 1:2)

하나님은 이스라엘 백성들에게 가나안 땅을 주시겠다고 말씀하셨습니다. 그런데 가나안 땅으로 들어가기 전에 그들이 먼저 해야 할 일이 있었습니다. 하나님은 "이 요단을 건너" 가나안 땅으로 가라고 명하셨습니다. 다시 말해, 이스라엘 백성들은 먼저 요단강을 건너야 했습니다.

요단은 우리가 넘어가야 할 장애물을 의미합니다. 그중에서도 가장 큰 장애물은 바로 '나'입니다. 옛사람의 모습이 요단강처럼 우리 앞에 넘실대고 있습니다. 고집, 교만, 탐욕, 이기주의, 불신앙, 부정적인 생각으로 가득했던 과거의 '나'라는 장애물을 넘어야 축복의 땅으로 들어갈 수 있습니다.

이스라엘 백성들이 요단을 가르고 가나안 땅에 들어간 것처럼 우리 마음에 있는 부정적인 생각을 가로질러 넘어가서, 하나님이 주시는 약속의 땅을 정복해야 합니다. 내 안에 있는 옛사람의 요단을 건너서 새롭게 변화된 나의 모습을 바라보며 나아가야 합니다. 그리할 때 하나님이 주시는 모든 축복의 땅을 차지하게 될 것입니다. 여호수아서 1장 3절의 말씀입니다.

> "내가 모세에게 말한 바와 같이 너희 발바닥으로 밟는 곳은 모두 내가 너희에게 주었노니"(수 1:3)

우리가 밟는 곳을 하나님이 우리에게 주셨습니다. 자세히 보면 미래형 '주실 것이다.'가 아니라, 과거형 '주셨다.'라고 하나님이 선포하셨습니다. 그러므로 강하고 담대하기를 바랍니다. 창조주 하나님, 전능하신 하나님, 승리의 하나님이 우리와 함께하시기에 우리를 이길 자가 없습니다.

또한 여기서 "모세에게 말한 바와 같이"라는 표현은 하나님의 신실함을 보여줍니다. 모세는 죽었으나 가나안 땅을 주시겠다는 하나님의 약속은 변치 않고 계속된다는 의미입니다. 그리고 이 약속의 말씀은 이스라엘 백성들이 가나안 땅을 정복함으로써 실제로 성취되었습니다.

하나님은 약속을 주실 뿐만 아니라 친히 그 약속을 이루시는 분이십니다. 그렇기에 하나님의 말씀은 사람이나 환경, 세대의 변화와 상관없이 반드시 성취됩니다.

2022년 한국에서 제26차 세계오순절대회(PWC)가 열렸습니다. 이때 오순절 교단에 속한 많은 세계적인 주의 종들이 하나님의 음성을 듣고 믿음으로 예언의 말씀을 선포했습니다. 이 땅에 기적과 부흥이 일어날 것이라고 선포했습니다.

이제 겨울은 끝나고 봄이 시작되었습니다. 축복의 봄이 시작되었습니다. 부흥의 봄이 시작되었습니다. 지난 3년 동안 코로나 팬데믹으로 인해 모든 것이 멈추었던 과거의 절망은 끝났습니다. 이제부터 놀라운 부흥이 한국교회에 임할 것입니다. 놀라운 부흥이 대한민국으로부터 시작해서 온 세계를 뒤덮게 될 것입니다. 그리고 바로 우리가 그 부흥의 주인공이 될 것입니다.

이전 것은 이미 지나갔다는 사실을 반드시 기억하십시오.

지난 과거를 더 이상 돌아보지 말고 믿음으로 일어나기를 바랍니다. 그리고 주님과 함께 약속의 땅으로 전진해 나갑시다. 이제는 믿음으로 전진할 때입니다. 믿음으로 나아갈 때 1년 365일이 우리에게 주시는 축복의 땅으로 변화될 것입니다.

삶 속으로

Q 하나님은 지난 과거를 돌아보지 말라고 말씀하십니다. 나는 어떤가요? 혹시 과거를 돌아보며 과거의 일에 붙잡혀 살고 있지는 않나요? 나를 붙들고 있는 과거의 일은 무엇인지 살펴봅시다.

Q 하나님이 내게 주시는 약속의 땅은 어디인가요? 내가 믿음으로 바라보고 나아가야 할 목표를 적어봅시다.

---

1. 이미 지나간 과거를 돌아보지 말라.
2. 말씀을 붙들고 절망과 실패의 자리에서 일어나라.
3. 하나님이 주신 약속의 땅을 향해 나아가라.

> 여호수아처럼
> 살아봅시다!

02

#용기 #자신감 #동행

"내가 할 수 있을까?"

인생의 중대한 과제를 마주할 때
어떤 이들은 포기하고,
어떤 이들은 두려움에 뒷걸음치기도 합니다.
이때 우리에게 필요한 것은
물러서지 않는 용기입니다.

이러한 용기를 어디서 얻을 수 있을까요?
그 해답을 여호수아서에서 찾아봅시다.

강하고 담대하라

네 평생에 너를 능히 대적할 자가 없으리니 내가 모세와 함께 있었던 것 같이 너와 함께 있을 것임이니라 내가 너를 떠나지 아니하며 버리지 아니하리니 강하고 담대하라 너는 내가 그들의 조상에게 맹세하여 그들에게 주리라 한 땅을 이 백성에게 차지하게 하리라 _ 여호수아 1장 5-6절

인생의 과제를 마주할 때

너를 대적할 자
없으리라

크리스천이 인생을 살아가는 데 가장 큰 힘이 되는 자원이 있다면, 그것은 다름 아닌 하나님의 말씀일 것입니다. 말씀은 평안한 시절을 지날 때 우리 삶의 방향키가 되고, 어렵고 척박한 땅을 걸을 때는 그것을 돌파해나갈 수 있는 원동력이 됩니다.

광야 40년의 시절을 뒤로 하고 가나안 입성을 목전에 둔 여호수아에게 가장 필요한 것도 칼과 창과 모략이 아닌 하나님의 말씀이었습니다.

1. 너를 능히 대적할 자가 없으리라

하나님은 가나안 정복을 앞둔 여호수아에게 "네 평생에 너를 능히 대적할 자가 없으리니"(수 1:5)라고 말씀하셨습니다. 온 천지는 변해도 변하지 않는 것이 하나님의 약속의 말씀입니다.

여호수아와 이스라엘 백성 앞에는 가나안 일곱 족속이 기다리고 있었습니다. 그들은 힘이 세고 기골이 장대한 족속이었습니다. 그런데 주님은 그러한 대적의 상황이나 조건과 상관없이 "너를 대적할 자가 없으리라. 하나님이 도우심으로 그들을 진멸할 것이다."라고 말씀하셨습니다. 하나님이 말씀으로 우리와 함께 계시면 우리는 이미 이긴 싸움을 하는 것입니다. 그렇기에 인생 가운데 어떤 문제가 우리 앞에 있다고 할지라도 우리는 두려워할 필요가 없습니다.

여호수아에게 승리를 약속하시는 하나님의 말씀은 모세를 통해 이미 이스라엘 백성에게 주신 말씀이었습니다.

"네 하나님 야훼께서 너를 인도하사 네가 가서 차지할 땅으로 들이시고 네 앞에서 여러 민족 헷 족속과 기르가스 족속과 아모

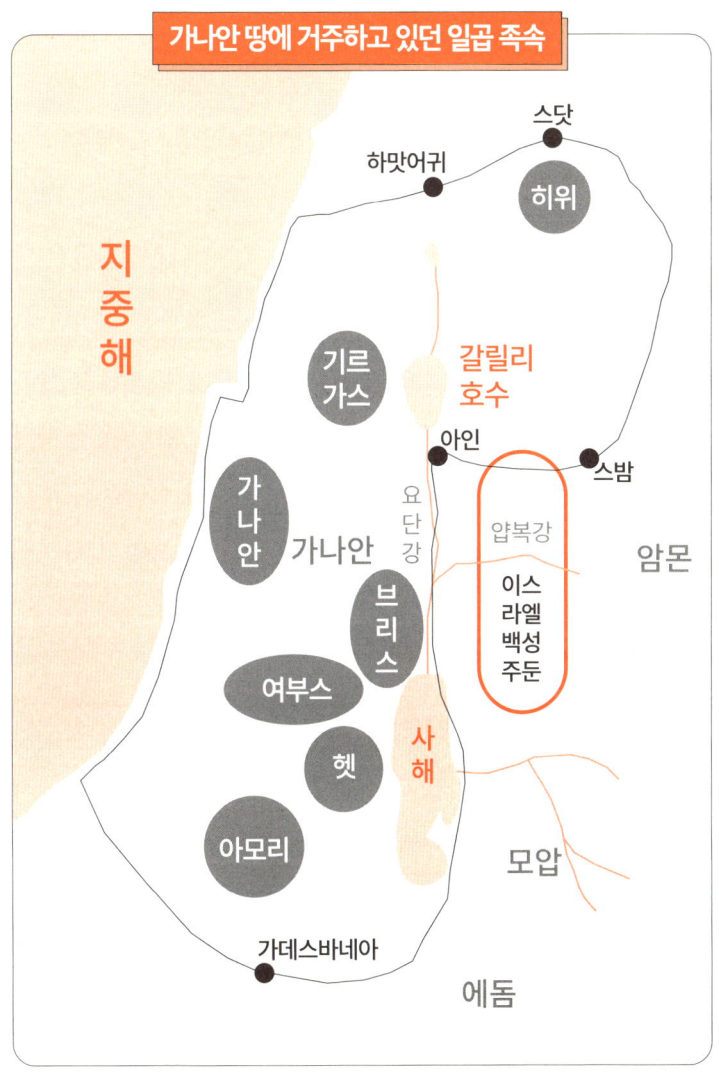

리 족속과 가나안 족속과 브리스 족속과 히위 족속과 여부스 족속 곧 너보다 많고 힘이 센 일곱 족속을 쫓아내실 때에 네 하나님 야훼께서 그들을 네게 넘겨 네게 치게 하시리니 그 때에 너는 그들을 진멸할 것이라"(신 7:1-2)

구약과 신약에 기록된 하나님의 말씀은 과거를 살았던 우리 믿음의 선진에게 주셨던 약속일 뿐만 아니라, 오늘을 사는 그리스도인들에게 주시는 약속의 말씀이기도 합니다. 십자가를 통해 모든 죄와 사망의 권세를 정복하신 예수님을 구주로 믿는 우리는 어그러졌던 하나님과의 관계를 회복하고 하나님의 자녀가 되었습니다.

이제 우리와 함께 계시는 하나님이 우리를 위해서 싸우신다면 그 누가 감히 우리를 대적할 수 있겠습니까? 우리를 둘러싼 상황, 환경, 조건은 수시로 바뀔 수 있으나 하나님이 함께하시는 사람들은 언제나 백전백승합니다. 이러한 사실을 그 누구보다도 잘 알았던 사도 바울은 다음과 같이 힘주어 말하기도 했습니다.

"그런즉 이 일에 대하여 우리가 무슨 말 하리요 만일 하나님이

우리를 위하시면 누가 우리를 대적하리오"(롬 8:31)

영적으로 어떠한 대적이 우리 앞을 가로막고 있다고 할지라도, 세상 그 어떤 문제나 사람이 우리를 곤경에 처하게 할지라도, 만군의 야훼 하나님이 함께하시면 우리는 늘 승리하는 삶을 살 수 있습니다.

하루, 한 달, 한 해도 아무런 문제 없이 흘러가는 시간은 없습니다. 상황은 시시각각으로 변하며 우리의 계획과 예상을 벗어나는 문제들이 삶 속에 도사리고 있습니다. 그러나 이렇게 상황이 변하고 문제를 만날 때마다 주저앉고 낙망할 수는 없지 않겠습니까? 이는 하나님의 부르심에 적합한 모습이 아니며 하나님을 기쁘시게 하는 그리스도인의 자세도 아닙니다.

우리는 상황과 환경에 쉽게 흔들리는 자세, 어렵고 곤란한 일 앞에서 요동치는 마음, 쉬이 염려하고 근심하는 태도들을 떨쳐내야 합니다. 어떠한 대적도, 어떠한 문제도 우리를 굴복시킬 수 없다는 것을 분명하게 알아야 합니다.

"네 평생에 너를 능히 대적할 자가 없으리라"라는 하나님의 말씀은 삶의 크고 작은 문제를 눈앞에 두고 살아가는 우리 모두에게 주시는 말씀이기도 합니다. 믿음으로 정복해야 할 가나안 땅이 목전에 있습니까? 거기에 내 힘으로는 결코 맞설 수 없을 것 같은 거대한 문제들이 도사리고 있습니까?

두려워하지 마십시오. 만군의 야훼 하나님이 함께 계심을 믿으십시오. 나를 대적할 자가 없다는 것을 믿고 당당하게 그 땅으로 걸어 들어가십시오. 말씀의 약속을 보증하시는 우리 하나님이 반드시 우리로 하여금 승리케 하실 것입니다.

2. 내가 너와 함께하리라

하나님은 이스라엘의 새로운 지도자 여호수아에게 "내가 모세와 함께 있었던 것 같이 너와 함께 있을 것임이니라"(수 1:5)라는 약속의 말씀을 주셨습니다. 이 말씀은 어쩌면 여호수아가 가장 듣기 원했던 말씀이었는지도 모릅니다.

모세가 누구입니까? 열 가지 이적을 통해 당시 최강대국 애굽과 바로를 심판하고 출애굽의 역사를 달성했으며, 장정만

60만 명에 이르는 이스라엘 백성을 황량한 광야에서 40년 동안이나 이끈 위대한 영적 지도자였습니다. 그러나 모세가 탁월한 리더십을 발휘할 수 있었던 것은, 그의 인간적인 능력 때문이 아니라 전능하신 하나님이 그와 동행하셨기 때문이었습니다.

이제껏 모세와 함께하셨던 하나님이 자신과 함께하시리라는 말씀을 들은 여호수아는 큰 위로를 얻고 자신감을 얻었습니다. 광야에서 40년을 지내는 동안 하루도 이스라엘을 헐벗거나 주리지 않게 하신 능력의 하나님이 자신과 함께하신다는 사실로 인해 목전의 가나안이 더 이상 두렵게 느껴지지 않았습니다.

그렇기에 우리는 어디에서 누구와 무엇을 하든지 자신이 주님과 동행하고 있는지를 항상 살펴야 합니다. 범사에 승리하는 비결이 바로 하나님과의 동행이기 때문입니다.

만일 하나님과 동행하지 않으면 우리는 어떻게 하면 승리하는 삶을 살 수 있을지 전전긍긍하며 살아야 할 것입니다. 사람의 마음을 얻기 위해, 또는 맡겨진 일들을 감당하기 위해 지친 삶을 살 수밖에 없을 것입니다.

그러나 하나님이 우리와 함께 계시면, 주님이 우리 편이 되어주시기만 하면 그런 수고와 염려는 사라지게 됩니다. 하나님은 가나안 정복을 앞둔 여호수아에게 다음과 같이 말씀하셨습니다.

> "내가 네게 명령한 것이 아니냐 강하고 담대하라 두려워하지 말며 놀라지 말라 네가 어디로 가든지 네 하나님 야훼가 너와 함께 하느니라 하시니라"(수 1:9)

하나님의 말씀을 들은 여호수아는 백성의 관리들에게 가나안 정복을 준비하라고 명령했습니다(수 1:10-11). 이 명령은 여호수아가 모세의 리더십을 위임받은 후 내린 첫 공식명령이라고 말할 수 있습니다. 이때 백성들의 반응을 주목하시기 바랍니다.

> "당신이 우리에게 명령하신 것은 우리가 다 행할 것이요 당신이 우리를 보내시는 곳에는 우리가 가리이다 우리는 범사에 모세에게 순종한 것 같이 당신에게 순종하려니와 오직 당신의 하나님 야훼께서 모세와 함께 계시던 것 같이 당신과 함께 계시기를

> 원하나이다 누구든지 당신의 명령을 거역하며 당신의 말씀을 순종하지 아니하는 자는 죽임을 당하리니 오직 강하고 담대하소서"(수 1:16-18)

이스라엘 백성들은 여호수아의 명령에 절대적으로 순종할 것을 그 앞에서 서약했습니다. 모세에게 보였던 충성심을 여호수아에게도 똑같이 보이겠다는 의미입니다. 가나안 땅을 향해 나아가야 하는 중요한 순간에 모세라는 리더의 부재는 모든 이스라엘 백성에게 엄청난 부담이 되었을 것입니다. 만일 그들이 단결된 모습을 보이지 못한다면 약속의 땅 앞에서 처참하게 무너질 수밖에 없는 상황이었습니다.

그런데 이스라엘 백성들은 여호수아의 명령에 단합된 순종의 모습을 보여주고 있습니다. 그 이유는 모세와 함께하셨던 하나님이 이제 여호수아와 함께하신다는 사실을 분명하게 믿었기 때문이었습니다. 모세의 하나님이 여호수아의 리더십을 보증하심을 알았기에 이스라엘 백성들은 여호수아를 하나님이 세우신 참 리더로 인정하고 전심으로 그를 따를 수가 있었습니다.

우리가 하나님의 사명을 이루며 살기 위해 필요한 것을 채워주시는 분은 하나님이십니다. 많은 크리스천이 하나님과의 동행을 우선시하지 않고 다른 것들을 얻고자 삶을 허비하는 경우가 허다합니다. 그러나 여호수아를 보십시오. 가나안 정복이라는 중차대한 사명을 이루는 데 있어 그에게 가장 필요했던 것은 하나님과의 동행이었습니다.

인생길은 광야의 시간을 지나 약속의 땅 가나안으로 들어가는 이스라엘의 여정과 비슷합니다. 영적 가나안이라 말할 수 있는 천국에 이르기까지 우리는 항상 믿음으로 전진해야 합니다. 그리고 이 일을 잘 감당하기 위해 필요한 것은 하나님이 나와 함께 계심을 분명히 아는 것입니다. 모세의 하나님, 여호수아의 하나님은 우리와 함께하시는 하나님이십니다. 항상 이를 기억하며 주님 안에서 강하고 담대한 경주를 이어가야 하겠습니다.

3. 너를 떠나지 아니하고 버리지 아니하리라

여호수아를 북돋우시는 하나님은 "내가 너를 떠나지 아니하며 버리지 아니하리니"(수 1:5)라고 말씀하셨습니다. 하나님은 우리를 홀로 내버려 두지 않으십니다. 우리가 인생길을 걸어가는 동안 때때로 문제와 어려움을 만나지만 그때마다 주님은 우리와 함께하십니다. 우리의 생명이 다하도록 주님이 항상 함께하시며 우리를 떠나지 않으시고 놀라운 은혜와 축복을 베풀어주십니다.

야곱이 그의 형 에서가 받을 장자권의 축복을 빼앗았을 때 에서는 크게 분노했고 야곱을 죽이려고까지 했습니다. 이에 야곱은 어머니의 조언을 따라 브엘세바로부터 800km나 떨어진 밧단아람 외삼촌 집으로 떠났습니다. 800km는 서울에서 부산까지 거리의 두 배 정도에 달합니다. 그 옛날 교통수단도 발달하지 않았던 시절 야곱은 짐을 짊어지고 그 먼 거리를 걸어가야만 했습니다.

그 길은 광야의 길이었습니다. 낮에는 뜨거운 태양 볕을 견디고 밤에는 추위와 싸우면서 야곱은 그 길을 걸어야만 했습니다. 하나님은 이 같은 광야의 길을 걷고 있던 야곱을 찾아오셔서 다음과 같은 말씀을 주셨습니다.

"내가 너와 함께 있어 네가 어디로 가든지 너를 지키며 너를 이끌어 이 땅으로 돌아오게 할지라 내가 네게 허락한 것을 다 이루기까지 너를 떠나지 아니하리라 하신지라"(창 28:15)

길고 먼 인생길을 갈 때, 때때로 외롭고 힘들고 지쳐 쓰러질 때, 주님은 우리를 향해 말씀하십니다. "내가 너를 떠나지 아니하고 너를 버리지 아니하리라!"

우리가 잘될 때는 사람들이 주변에 몰려옵니다. 온갖 칭찬을 하면서 환영합니다. 그러나 우리가 실패하고 곤두박질하여 절망의 자리에 처하면 사람들은 하나, 둘 등을 돌리고 떠나갑니다. 인생을 의지하는 사람들은 늘 그렇습니다.

그러나 하나님은 우리가 세상 모든 것을 잃고 절망에 빠지거나 낙담하여 무너질지라도 결코 우리를 버리지 않으십니다. 오히려 절망의 때, 고통의 때, 슬픔의 때, 문제를 만났을 때, 몸이 아파 절망할 때, 주님은 내 곁에서 나를 도우시고 돌보시며 말씀하십니다. "내가 너를 떠나지 아니하고 너를 버리지 아니하리라."

찬송가 88장 2절을 보면 다음과 같은 가사가 있습니다.

내 맘의 모든 염려 이 세상 고락도

주님 항상 같이하여 주시고

시험을 당할 때에 악마의 계교를

즉시 물리치사 나를 지키네

온 세상 날 버려도 주 예수 안 버려

끝까지 나를 돌아보시니

주는 저 산 밑에 백합 빛나는 새벽 별

이 땅 위에 비길 것이 없도다

모세가 세상을 떠나기 전에 이스라엘 백성들에게 거듭 강조했던 말은 하나님이 그들을 절대 버리지 않으시고 동행하신다는 것이었습니다.

"너희는 강하고 담대하라 두려워하지 말라 그들 앞에서 떨지 말라 이는 네 하나님 야훼 그가 너와 함께 가시며 결코 너를 떠나지 아니하시며 버리지 아니하실 것임이라 하고"(신 31:6)

나아가 모세는 자신의 후계자 여호수아에게도 하나님이 그와 함께하신다는 사실을 강조하면서 두려워하지 말라고 격려했습니다.

"모세가 여호수아를 불러 온 이스라엘의 목전에서 그에게 이르되 너는 강하고 담대하라 너는 이 백성을 거느리고 야훼께서 그들의 조상에게 주리라고 맹세하신 땅에 들어가서 그들에게 그 땅을 차지하게 하라 그리하면 야훼 그가 네 앞에서 가시며 너와 함께 하사 너를 떠나지 아니하시며 버리지 아니하시리니 너는 두려워하지 말라 놀라지 말라"(신 31:7-8)

인생의 가장 중대한 결정을 앞두고 있을 때, 삶의 방향을 재고해야 할 때, 커다란 문제의 산을 넘어서야 할 때, 우리는 염려와 걱정이 앞서지 않도록 주의해야 합니다. 우리의 생각, 의지, 감정이 앞서지 않게 하고 우리와 함께하시는 하나님이 계신다는 사실을 항상 먼저 기억해야 합니다.

하나님의 사람들은 이 땅에 살아가는 동안 감당해야 할 사명이 있습니다. 이 사명을 다 이루기까지 하나님은 하나님의 사람들을 버리지 않으시고 떠나지 않으십니다. 야곱에게, 모세에게, 그리고 여호수아에게 "내가 너를 떠나지 않고 버리지 않겠다!"라고 말씀하신 하나님은 우리에게도 같은 말씀을 주십니다. 왜냐하면 우리를 통해서 이 땅에 펼치고자 하시는 하나님의 계획이 있기 때문입니다.

여호수아가 감당해야 할 사명은 광야 40년의 시절을 뒤로 하고 이스라엘 백성들을 약속의 땅 가나안으로 들어가게 하는 것이었습니다.

"강하고 담대하라 너는 내가 그들의 조상에게 맹세하여 그들에게 주리라 한 땅을 이 백성에게 차지하게 하리라"(수 1:6)

하나님은 여호수아를 떠나지도, 버리지도 않겠다고 약속하셨습니다. 광야 같은 인생길에 하나님이 내게 맡기신 사명은 무엇입니까? 어떤 장애물을 만나든, 어떤 어려움이 다가오든 물러서지 말아야 합니다. 염려와 두려움을 떨쳐내십시오. 주님의 약속을 강하게 붙드십시오. 그 사명을 다 이루는 날까지 하나님은 결코 우리를 버리지도 떠나지도 않으실 것입니다. 그리고 마침내 하나님이 우리를 통해 그 사명을 완수하실 것입니다.

삶 속으로

Q 인생을 살아가는 동안 우리에게 가장 큰 힘이 되는 자원은 하나님의 말씀입니다. 그러나 하나님의 말씀보다 더 의지하는 것이 있지 않나요? 문제가 생겼을 때 가장 먼저 생각나는 것은 무엇인가요?

Q 어려움을 당했을 때 하나님이 함께하심을 경험한 일이 있나요? 그때의 경험을 적어봅시다.

---

1. 하나님은 우리의 삶을 승리의 길로 인도하신다.
2. 하나님은 언제나 우리와 함께하신다.
3. 하나님은 결코 우리를 떠나지 않으신다.

> 여호수아처럼
> 살아봅시다!

03

#방황 #말씀 #나침반

인생의 나침반

"하나님의 뜻대로 살기를 원합니다.
그러나 어디로 가야 할지, 어떻게 해야 할지 모르겠어요."

이처럼 인생의 방향을 찾지 못하고 방황하는 크리스천에게
가장 필요한 것은 무엇일까요?

하나님의 말씀입니다.
하나님의 말씀이 우리 인생의 나침반이 되어줄 것입니다.

강하고 담대하라

오직 강하고 극히 담대하여 나의 종 모세가 네게 명령한 그 율법을 다 지켜 행하고 우로나 좌로나 치우치지 말라 그리하면 어디로 가든지 형통하리니 이 율법책을 네 입에서 떠나지 말게 하며 주야로 그것을 묵상하여 그 안에 기록된 대로 다 지켜 행하라 그리하면 네 길이 평탄하게 될 것이며 네가 형통하리라 _ 여호수아 1장 7-8절

나아갈 방향을 알고 싶을 때

말씀을
지켜 행하라

　세상 모든 부모는 자녀가 바른길을 가며 형통하고 복 있는 인생을 살기를 원합니다. 이에 부모는 인생을 살아가는 데 필요한 여러 좋은 것들을 아끼지 않고 자녀에게 제공하기 위해 애씁니다. 이처럼 육신의 부모도 자기 자녀에게 좋은 것을 주고자 하는데 우리의 하나님 아버지는 어떻겠습니까? 하나님은 우리에게 생명과 세상 만물을 주셨고, 하나뿐인 아들을 아끼지 않고 내어주셨으며, 우리를 도우시기 위해 성령을 보내시기까지 우리를 사랑하시는 분이십니다.

　하나님이 주신 귀한 선물 가운데 말씀이 있습니다. 말씀은 우리의 삶을 올바른 방향으로 인도하기 위해 하나님 아버지가 주신 참으로 귀한 선물입니다. 가나안 땅 정복이라는 인생의 도전 앞에 서 있는 여호수아에게 필요한 것도 하나님의 말씀이었습니다.

1. 말씀을 지켜 행하라

모세가 세상을 떠난 뒤 여호수아와 이스라엘 백성은 가나안 땅 진입을 앞두고 있었습니다. 가나안은 하나님이 이스라엘 백성에게 주신 약속의 땅이었지만 동시에 강대한 족속들과 싸워야 하는 도전의 땅이었습니다. 가나안 땅에 들어가서 그 땅을 정복해야 한다는 사실이 여호수아에게는 말로 다 표현할 수 없는 부담이었을 것입니다.

백성들의 충성심, 담대한 마음과 용기, 적절한 전술과 모략 등 많은 것이 여호수아에게 필요했지만, 그에게 정말 필요한 것이 무엇인지 가장 잘 아시는 분은 하나님이셨습니다. 그런 하나님이 여호수아에게 여호수아 1장 7절에서 다음과 같이 말씀하셨습니다.

"오직 강하고 극히 담대하여 나의 종 모세가 네게 명령한 그 율법을 다 지켜 행하고 우로나 좌로나 치우치지 말라 그리하면 어디로 가든지 형통하리니"(수 1:7)

인생의 중대한 도전 앞에 서 있는 여호수아에게 하나님이 주신 말씀은 율법을 지키라는 것, 즉 하나님의 말씀을 따라 행하라는 것이었습니다. 강하고 담대한 마음을 갖고 말씀 위에 서서 나아가면 모든 것이 형통하게 되리라고 가르쳐주셨습니다.

인생 가운데 만나는 문제가 얼마나 크든, 얼마나 어렵든, 우리는 마음을 강하고 담대히 하며 하나님의 말씀을 지켜 행하는 일에 집중해야 합니다. 그렇게 할 때 환경과 상황을 변화시키는 하나님의 역사가 임합니다. 말씀을 따르는 자에게 하나님의 은혜가 임하고, 축복이 임하고, 용서와 회복이 임합니다. 기적과도 같은 일들이 하나님의 말씀을 통해 임하는 것입니다.

하나님 말씀은 축복의 근원입니다. 성경은 어떻게 우주가 창조되었는지, 어떻게 인간이 지음을 받았는지, 또 우리가 어떻게 죄를 지어서 절망 가운데 처하게 되었는지를 알려줍니다. 나아가 하나님이 독생자 예수님을 이 땅에 보내셔서 구원을 이루신 놀라운 이야기가 모두 말씀 안에 들어있습니다. 말씀은 한마디로 우리 인생의 지침서입니다. 길이요 진리요 생명이 되시는 예수님에 대해 증언하는 말씀을 붙잡고 나아갈 때 우리는 복된 삶을 살 수 있습니다.

시편 119편 9절과 11절에는 이런 말씀이 기록되어 있습니다.

"청년이 무엇으로 그의 행실을 깨끗하게 하리이까 주의 말씀만 지킬 따름이니이다 … 내가 주께 범죄하지 아니하려 하여 주의 말씀을 내 마음에 두었나이다"(시 119:9-11)

시편 119편은 성경에서 가장 긴 본문을 가진 장으로 무려 176절로 이루어져 있습니다. 그런데 시편 119편이 구절마다 강조하는 것이 바로 하나님의 '말씀'입니다. 그만큼 우리의 삶에 말씀이 중요하기 때문입니다. 말씀은 인생의 나침반이자 내비게이션과도 같습니다. 말씀을 읽고 듣고 묵상하고 말씀과 동행하면 주님 안에서 우리는 옳은 길, 형통한 길을 걸어가게 될 것입니다.

신명기 28장은 말씀을 지켜 행하는 사람이 받게 될 넘치는 축복에 대하여 다음과 같이 증언합니다.

> "네가 네 하나님 야훼의 말씀을 삼가 듣고 내가 오늘 네게 명령하는 그의 모든 명령을 지켜 행하면 네 하나님 야훼께서 너를 세계 모든 민족 위에 뛰어나게 하실 것이라 네가 네 하나님 야훼의 말씀을 청종하면 이 모든 복이 네게 임하며 네게 이르리니 성읍에서도 복을 받고 들에서도 복을 받을 것이며 네 몸의 자녀와 네 토지의 소산과 네 짐승의 새끼와 소와 양의 새끼가 복을 받을 것이며 네 광주리와 떡 반죽 그릇이 복을 받을 것이며 네가 들어와도 복을 받고 나가도 복을 받을 것이니라"(신 28:1-6)

들어와도 복을 받고 나가도 복을 받는 사람, 어디서 누구와 무엇을 하든지 항상 형통하며 복이 따라다니는 사람, 바로 우리가 이런 사람이 되기를 소망합니다.

2. 우로나 좌로나 치우치지 말라

하나님은 여호수아에게 말씀을 지켜 행하라고 말씀하시면서 좌우로 치우치지 말 것을 강조하셨습니다.

"우로나 좌로나 치우치지 말라 그리하면 어디로 가든지 형통하리니"(수 1:7)

이 땅에서 살아가는 동안 우리는 바른길을 추구해야 합니다. 어느 한쪽으로 치우치지 말고 말씀이 가리키는 대로 곧은 길을 가야 합니다.

"그런즉 너희 하나님 야훼께서 너희에게 명령하신 대로 너희는 삼가 행하여 좌로나 우로나 치우치지 말고 너희 하나님 야훼께서 너희에게 명령하신 모든 도를 행하라 그리하면 너희가 살 것이요 복이 너희에게 있을 것이며 너희가 차지한 땅에서 너희의 날이 길리라"(신 5:32-33)

정도(正道), 즉 바른길로 갈 때 형통의 복이 임합니다. 오늘날 우리 사회의 안타까운 모습 중 하나는 도처에서 분열과 대립의 모습이 나타나고 있다는 것입니다. 군사적으로, 정치적으로, 이념적으로, 지역적으로, 세대 간에 서로 나뉘어 반목하고 있습니다. 한쪽으로 치우쳐서 그것만을 고집하고, 상대편을 공격하며, 다른 쪽의 이야기를 들으려고도 하지 않는 모습을 자주 보게 됩니다.

사무엘상 6장을 보면 하나님의 언약궤를 실은 암소가 자기 새끼 둘을 남겨놓고 울면서 길을 가는데 뒤도 돌아보지 않고 좌로나 우로나 치우치지도 않았습니다. 하나님이 이 암소를 통해 하나님의 언약궤를 이스라엘로 보내고자 하셨기에 한낱 짐승일지라도 좌우로 치우치지 않고 가야 할 길을 똑바로 걸어갔던 것입니다.

> "암소가 벧세메스 길로 바로 행하여 대로로 가며 갈 때에 울고 좌우로 치우치지 아니하였고 블레셋 방백들은 벧세메스 경계선까지 따라 가니라"(삼상 6:12)

이렇게 송아지들을 뒤로 하고 울면서도 똑바로 걸어갔던 암소는 하나님의 궤를 옮기는 일이 끝나자 그 자리에서 번제물이 되어 하나님께 바쳐졌습니다. 이처럼 짐승조차 하나님의 뜻에 순종하여 자기가 가야 하는 길을 똑바로 걸어가는데, 하나님의 형상으로 창조된 우리가, 그리스도 안에서 새롭게 되어 하나님의 자녀라 일컬음 받는 우리가 인간적인 감정과 의지에 사로잡혀 좌우로 치우친 삶을 살아가는 것은 부끄럽기 짝이 없는 일입니다.

사도 바울은 성도들에게 하나님이 기뻐하시는 거룩한 산 제물로 드려져야 한다고 권면했습니다.

"그러므로 형제들아 내가 하나님의 모든 자비하심으로 너희를 권하노니 너희 몸을 하나님이 기뻐하시는 거룩한 산 제물로 드리라 이는 너희가 드릴 영적 예배니라"(롬 12:1)

하나님의 말씀 위에 굳게 서서 좌로나 우로 치우치지 않고 바른길로 나아가는 사람만이 하나님께 자기 자신을 거룩한 산 제물로 드릴 수 있습니다. 우리 크리스천들이 먼저 하나님의 말씀을 따라 자기 인생길을 바르게 만들어 갈 때, 교회와 사회, 분열로 시름하고 있는 우리나라도 든든히 설 수 있을 것입니다.

미국의 제16대 대통령이었던 에이브러햄 링컨은 미국 역사상 가장 존경받는 대통령입니다. 그런데 그는 사실 특출난 학력이 없는 사람이었습니다. 켄터키 시골 마을의 가난한 가정에서 자랐기 때문에 학교도 제대로 다니지 못하고, 그저 어머니에게 성경 말씀으로 교육을 받은 것이 전부였습니다. 그런데도 그는 독학으로 일리노이주의 변호사가 되고 나중에는 대통령의 자리에까지 오르게 되었습니다.

이처럼 그가 어려운 환경을 이기고 성공할 수 있었던 비결은 성경 말씀에 있습니다. 미국 대통령 취임식에서는 새로 당선된 대통령이 성경에 손을 얹고 선서하는 전통이 있습니다. 링컨도 취임식에 낡은 성경 한 권을 가져와서 그 위에 손을 얹고 선서하면서 다음과 같이 말했습니다.

"이 낡은 성경책은 바로 어머니께서 저에게 물려주신 가장 값진 유산입니다. 저는 이 성경책으로 말미암아 대통령이 되어 여기 이 자리에 서게 되었습니다. 저는 성경 말씀대로 이 나라를 통치할 것을 약속드립니다."

훗날 링컨 대통령은 남북전쟁에서 승리하여 노예 해방을 선언했고, 나뉘었던 나라를 하나로 만들며 미국을 세계 최대 강대국으로 건설하는 일에 초석을 다졌습니다. 이처럼 성공적인 지도자의 역할을 잘 수행하며 가장 존경받는 대통령으로 미국 역사에 남은 것은 그가 하나님의 말씀 위에 서 있었기 때문입니다.

말씀을 따라 사는 사람은 가장 바른 길, 가장 좋은 길, 가장 형통한 길을 가게 됩니다. 성령님이 우리에게 말씀을 조명해

주셔서 하나님이 가장 기뻐하시는 길로 우리를 인도해주시기 때문입니다.

> "내가 오늘 너희에게 명령하는 그 말씀을 떠나 좌로나 우로나 치우치지 아니하고 다른 신을 따라 섬기지 아니하면 이와 같으리라"(신 28:14)

3. 주야로 묵상하라

우리 마음의 생각과 뜻과 감정과 행실이 하나님이 기뻐하시는 길로 향하도록 만들기 위해 우리가 감당해야 할 일은 바로 말씀을 주야로 묵상하는 일입니다.

말씀을 주야로 묵상한다는 것은 내 생각을 하나님의 생각으로 바꿔놓는 과정이라고 말할 수 있습니다. 말씀이 우리 속에 없으면 인간적이고 이성적인 생각이 앞서나가지만, 말씀이 우리 안에 거하면 하나님의 생각, 하나님의 뜻이 우리를 이끌어갑니다. 그러기에 하나님은 여호수아에게 율법책을 주야로 묵상하고 그 내용을 지키라고 말씀하신 것입니다.

"이 율법책을 네 입에서 떠나지 말게 하며 주야로 그것을 묵상하여 그 안에 기록된 대로 다 지켜 행하라 그리하면 네 길이 평탄하게 될 것이며 네가 형통하리라"(수 1:8)

시편 1편에 기록된 말씀처럼 '복 있는 사람'은 하나님의 율법을 즐거워하며 하나님의 율법을 주야로 묵상하는 사람입니다(시 1:1-2). 말씀은 영혼의 양식입니다. 만일 우리가 육신을 위해서는 하루 세끼를 꼬박꼬박 먹으면서, 영의 양식인 생명의 말씀은 멀리한다면 이는 텅 빈 신앙생활을 하는 것과 매한가지입니다.

우리는 세상으로부터 들려오는 수많은 말들로 인해 갖은 염려와 걱정, 헛된 일들로 시간을 허비하고 마음이 어두워질 때가 많습니다. 온갖 부정적인 소식들과 '아니면 말고' 식의 거짓 정보들이 난무하고 있습니다.

많은 크리스천이 이 같은 세태 가운데 마음이 동요되는 것은 참으로 안타까운 일입니다. 우리가 밤낮으로 묵상해야 할 것은 세상의 그 어떤 소리나 정보가 아니라 하나님의 말씀입니다. 하나님의 말씀을 듣고 그 말씀 위에서 거룩하고 올바르고 창조적인 삶을 세워나가야 합니다.

미국에 이민 가서 워싱턴 중앙장로교회를 개척하시고 은퇴하신 제 고모부님의 말씀이 귀에 생생합니다.

"이 목사, 내가 애리조나에서 밤에 운전하면 거기는 한국처럼 가로등도 없어. 그래서 2시간, 3시간 계속 깜깜한 사막 길을 가야 하는데, 전조등이 없었다면 절대 목적지에 도착할 수 없었을 거야. 그때 시편 119편 105절 말씀의 의미를 가슴 깊이 깨달을 수 있었어. 그리고 어려운 일이 있거나 인생의 앞이 잘 보이지 않는다고 느낄 때마다 그 말씀을 늘 묵상하곤 한다네!"

"주의 말씀은 내 발에 등이요 내 길에 빛이니이다"(시 119:105)

이처럼 우리는 늘 말씀을 따라가는 삶, 말씀을 주야로 묵상하는 삶을 살아야 합니다. 말씀이야말로 어둡고 혼탁한 이 시대를 살아가는 데 등불이 되고 빛이 되기 때문입니다.

하나님의 말씀인 성경을 늘 가까이하여 그 안에 담긴 진리가 내 삶에 풀어지도록 만들어야 합니다. 그리고 내가 묵상한 그 말씀을 바탕으로 하나님께 기도하는 삶을 살아야 합니다. 말씀 위에 서서 기도로 살아가면 우리는 어떠한 형편에 처하든지 범사에 넉넉히 승리하는 삶을 살게 될 것입니다.

삶 속으로

Q 나는 말씀을 내 인생의 나침반으로 삼고 말씀대로 행하기 위해 노력하고 있나요? 하나님의 말씀을 지키기 위해 했던 일들을 이야기해보세요.

Q 나는 매일 말씀을 읽고 있나요? 올해 성경 통독을 결심했던 대로 잘 지키고 있는지 스스로 돌아봅시다.

---

1. 하나님이 주신 말씀을 지켜 행하라.
2. 좌로나 우로나 치우치지 말고 말씀대로 바른길을 가라.
3. 말씀을 늘 가까이하고 주야로 묵상하라.

> 여호수아처럼
> 살아봅시다!

04

#두려움 #담대함 #의지

불안한가요? 걱정되나요?

인생을 살아가는 동안 문제가 없을 수 없습니다.
문제가 크든 작든 문제를 만나면 우리 마음속에
불안과 근심과 두려움이 들어옵니다.
그래서 마음을 지키는 것이 중요합니다.

인생의 문제 앞에서
우리가 갖춰야 할 첫 번째는
강하고 담대한 마음입니다.

강하고 담대하라

내가 네게 명령한 것이 아니냐 강하고 담대하라 두려워하지 말며 놀라지 말라 네가 어디로 가든지 네 하나님 여호와가 너와 함께 하느니라 하시니라 이에 여호수아가 그 백성의 관리들에게 명령하여 이르되 진중에 두루 다니며 그 백성에게 명령하여 이르기를 양식을 준비하라 사흘 안에 너희가 이 요단을 건너 너희의 하나님 여호와께서 너희에게 주사 차지하게 하시는 땅을 차지하기 위하여 들어갈 것임이니라 하라

_ 여호수아 1장 9-11절

크고 작은 문제 앞에서

강하고
담대하라

우리가 읽고 묵상하는 성경에는 '두려워하지 말라'라는 말씀이 365번 기록되어 있습니다. 마치 1년 365일을 하루처럼 하나님을 의지하여 두려움을 떨쳐내고 살아가라는 주님의 마음이 담겨있는 것처럼 보이기도 합니다.

크고 작은 인생의 문제들을 만날 때 두려움에 사로잡히지 않는 것은 참으로 중요합니다. 하지만 더 중요한 것은 두려움을 극복하는 것을 넘어 하나님이 주시는 담대한 마음으로 무장하는 것입니다. 삶에 맞닥뜨리는 문제들을 돌파하면서 하나님이 기뻐하시는 일을 감당하기 위해서는 항상 강하고 담대한 마음을 소유해야 합니다.

1. 강하고 담대하라

여호수아서 1장에는 하나님이 가나안 정복을 앞둔 여호수아에게 여러 차례 강조하신 말씀이 있습니다. 그것이 바로 "강하고 담대하라"라는 말씀입니다. 가나안은 하나님이 이스라엘 백성의 조상들에게 주시겠다고 약속하신 땅이었습니다. 그러기에 그 땅은 이미 이스라엘의 소유나 다름이 없었습니다. 하나님의 약속은 반드시 이루어지기 때문입니다. 그러나 가나안에 들어가 그 땅을 정복하기 위해서는 이스라엘 백성에게 강한 심령과 굳센 의지가 필요했습니다.

이는 우리 그리스도인들에게도 똑같이 적용되는 것입니다. 하나님은 이미 예수 그리스도를 통해 놀라운 축복을 약속하셨습니다. 영혼이 잘되고 범사가 형통하게 되며 강건해지는 복을 받아 생명을 풍성히 누리고 나누어주는 삶을 사는 것이 바로 우리에게 주신 하나님의 약속입니다.

그러나 우리가 이러한 하나님의 약속을 실제로 받아 누리기 위해 넘어야 할 것들이 있습니다. 악한 마귀가 염려, 근심, 걱정을 우리 생각에 끊임없이 심고, 하나님의 변함 없는 약속을 거짓으로 치부하게 만들기 때문입니다. 그러기에 우리는 항상 하나님이 주신 약속의 말씀을 부여잡고 그것을 이루시는 분이 하나님이심을 믿으며 강하고 담대한 마음으로 전진해나가야 합니다.

여호수아서 1장에는 "강하고 담대하라"라는 말씀이 네 차례나 나옵니다(수 1:6, 7, 9, 18). 우리의 마음은 상황과 조건, 환경에 의해 쉬이 흔들리곤 합니다. 그래서 우리에게 절대적으로 필요한 것이 하나님의 말씀 위에 서서 강하고 담대한 마음을 갖는 것입니다.

잠언에는 "모든 지킬 만한 것 중에 더욱 네 마음을 지키라 생명의 근원이 이에서 남이니라"(잠 4:23)라는 말씀이 있습니다. 마음을 지키지 못하면 모든 것이 무너집니다. 하나님의 말씀 위에 세워져 있는 마음에는 평안과 희락이 넘치지만, 그러지 못한 마음에는 온갖 세상의 염려와 스트레스가 찾아듭니다. 사람의 의지와 노력만으로 마음을 지키면서 예측하기 어려운 인생의 난관들을 돌파하는 것은 역부족입니다.

그래서 주님은 "마음을 강하게 하고 담대히 하라!"라고 단호하게 말씀하시는 것입니다. 심지를 굳건하게 하여 하나님의 약속을 믿고 나아가면 삶 가운데 하나님이 주시는 형통의 복이 임합니다. 부정적인 마음에는 부정적인 생각이 뒤따르고 이는 삶에 하나님이 기뻐하시지 않는 열매들을 만들어냅니다. 그러나 마음을 강하게 다잡고 말씀 중심의 신앙으로 전진하면 어떤 문제가 다가와도 이를 극복하는 가운데 승리하는 삶을 살 수 있습니다.

우리 눈앞에 놓인 가나안을 문제 가득한 미정복지로 남겨둘 것인지, 아니면 하나님의 유업으로 받은 축복의 땅으로서 그곳을 쟁취할 것인지는 우리의 마음을 어떻게 관리하는가에서부터 출발합니다. 주신 말씀을 기억하며 절대 긍정, 절대 감사로 마음을 강하게 무장하고 전진해 나아가면, 우리는 반드시 승리하며 하나님이 약속하신 모든 축복을 누리게 될 것입니다.

2. 두려워하지 말고 놀라지 말라

강하고 담대하라는 말씀과 함께 하나님이 여호수아에게 전하신 또 하나의 당부는 "두려워하지 말며 놀라지 말라"(수 1:9)

라는 것이었습니다. 사람에게 있는 두려움의 근원은 태고의 시절로 거슬러 올라갑니다. 아담과 하와가 죄를 짓기 전에는 두려움이라는 감정 자체를 몰랐습니다. 그들은 하나님을 대신하여 모든 만물을 다스리고 정복할 권세를 가진 존재였기 때문입니다.

그런데 마귀의 유혹에 빠져 선악을 알게 하는 나무의 열매를 따 먹고 죄를 짓게 되자 모든 것이 달라졌습니다. 아담과 하와의 마음에 자리하고 있던 기쁨과 평강이 사라지고, 근심, 걱정, 염려가 찾아들었습니다. 하나님과의 관계, 서로와의 관계, 피조 세계와의 관계, 자기 자신과의 관계가 총체적으로 깨어졌고, 그 결과 사랑의 대상이었던 모든 것들이 두려움을 불러일으키는 대상으로 왜곡되어버린 것입니다.

한때 하나님과 함께 동산을 거닐던 아담과 하와는 두려움으로 인해 하나님의 낯을 피해 숨었습니다. 그리고 하나님이 "네가 어디 있느냐"(창 3:9)라고 물으실 때 두려움에 빠져 이렇게 대답했습니다.

"이르되 내가 동산에서 하나님의 소리를 듣고 내가 벗었으므로

두려워하여 숨었나이다"(창 3:10)

　죄짓기 전에 있던 당당함은 온데간데없이 사라지고 두려움에 움츠러든 아담의 모습을 보십시오. 이것이 바로 마귀의 유혹에 빠져 죄를 짓고 두려움 가운데 살아가는 온 인류의 실존이기도 합니다. 만일 아담이 죄를 지었을지언정 하나님 앞에 있는 그대로 나아가 회개했더라면 인류는 왜곡된 세상에서 두려움 가득한 모습으로 살지 않았을지도 모릅니다. 우리는 죄를 지었을지라도 숨어 하나님의 낯을 피하는 인생이 되지 말고 "제가 여기 있습니다. 저를 용서하여 주옵소서."라고 고백하는 가운데 하나님께 나아가는 사람들이 되어야 합니다.

　하나님은 이미 예수님의 십자가 사역을 통하여 우리가 하나님께 나아올 수 있는 길을 열어두셨습니다. 그러므로 우리는 예수님의 보혈을 의지하여 하나님의 보좌를 향해 담대하게 나아가야 합니다. 그러할 때 하나님이 우리를 창조하시고 부르신 본래의 목적대로 쓰임 받는 삶을 살아갈 수 있습니다. 히브리서 기자는 다음과 같이 선포합니다.

　"그러므로 우리는 긍휼하심을 받고 때를 따라 돕는 은혜를 얻기

위하여 은혜의 보좌 앞에 담대히 나아갈 것이니라"(히 4:16)

두려움은 우리의 삶을 망가뜨리고 하나님의 뜻대로 살지 못하도록 만드는 백해무익한 것입니다. 불안, 초조, 근심, 걱정, 스트레스, 우울감, 불면증 같은 정서적, 육체적 질병들이 모두 두려움으로부터 기인합니다. 두려움을 이겨내지 못하는 사람은 믿음으로 나아가지 못합니다.

하나님이 여호수아에게 "두려워하지 말며 놀라지 말라"라고 말씀하신 것도 이러한 이유 때문입니다. 가나안 땅을 향해 이스라엘 백성들을 데리고 들어가 그 땅을 정복해야 하는 여호수아의 마음이 두려움을 이겨내지 못한다면 그 눈앞에 놓인 난관으로 인해 놀라고 위축될 수밖에 없다는 것을 하나님은 아셨습니다.

성경 속 믿음의 사람들과 우리의 성정이 다르지 않습니다. 그들 또한 하나님 앞에서, 감당해야 할 삶의 문제들 앞에서 두려움에 휩싸이곤 했습니다. 그러기에 하나님은 그들을 만나주실 때마다 "두려워하지 말라"라고 말씀하시며 용기를 북돋아 주셨습니다.

여호수아의 하나님, 성경 속 다른 믿음의 사람들에게 용기를 주신 하나님이 바로 우리의 하나님이십니다. 그 하나님이 지금도 우리 곁에 계신다는 것을 우리는 항상 기억해야 합니다. 전능하신 하나님이 우리와 함께하시기에 그 어떤 문제가 우리 앞에 놓여 있고, 그 어떤 세력이 우리를 넘어뜨리려 공격할지라도 우리는 두려워할 필요가 없습니다.

광야에서 숱한 어려움을 이기며 이스라엘을 인도했던 모세는 하나님이 자신들과 함께 계신다는 것을 알았기에 백성들을 향해 두려워하지 말라고 권면할 수 있었습니다.

"너는 그들을 두려워하지 말라 너희의 하나님 야훼 곧 크고 두려운 하나님이 너희 중에 계심이니라"(신 7:21)

"말하여 이르기를 이스라엘아 들으라 너희가 오늘 너희의 대적과 싸우려고 나아왔으니 마음에 겁내지 말며 두려워하지 말며 떨지 말며 그들로 말미암아 놀라지 말라"(신 20:3)

"너희는 강하고 담대하라 두려워하지 말라 그들 앞에서 떨지 말라 이는 네 하나님 야훼 그가 너와 함께 가시며 결코 너를 떠나

지 아니하시며 버리지 아니하실 것임이라 하고"(신 31:6)

이 말씀이 바로 오늘을 살아가는 우리가 붙잡아야 하는 말씀입니다. 세상에는 사람들이 만들어낸 두려움 가득한 음성이 너무나도 많습니다. 뉴스와 SNS는 물론이고 그리스도인들조차도 성령으로 충만하지 못할 때 두려움에 휩싸여 잘못된 소식들을 전하곤 합니다. 약속의 땅 가나안을 정탐한 이후 온 이스라엘의 마음을 낙담하게 만든 이들이 외부의 적이 아니라 그들의 형제들이었다는 사실을 우리는 기억해야 합니다.

우리에게서 두려움을 일으키는 경로는 다양합니다. 우리 내면에서, 다른 사람으로부터, 외부적 상황에 의해서 우리는 두려움에 휩싸일 수 있습니다. 그러나 주님은 분명하게 "두려워하지 말고 놀라지 말라"라고 말씀하십니다. 이는 선택할 문제가 아니라 반드시 따라야 할 주님의 엄중한 명령입니다.

두려움을 떨쳐내고, 십자가를 통해 이미 승리를 이루신 예수님을 바라보며 믿음으로 전진할 때 우리는 날마다 승리하는 삶을 살아가게 될 것입니다.

3. 약속의 땅을 차지하리라

두려움을 떨쳐내고 담대한 마음으로 무장한 사람은 그 어떤 일을 만나도 당당하게 전진할 수 있습니다. 그런데 믿음으로 전진하기 전에 꼭 필요한 한 가지가 있는데, 그것은 하나님이 주신 약속의 말씀을 붙드는 것입니다.

말씀은 방향키와도 같습니다. 마음을 강하게 하고 두려움을 이겨낸 사람이라 할지라도, 어디로 나아가야 할지를 모른다면 목적 없는 열심에 사로잡혀 시간을 허비할 수 있습니다. 그러기에 하나님의 사람들에게는 나아갈 길을 알려주시는 약속의 말씀을 듣는 것이 필수적입니다.

담대하고 두려워하지 말라는 하나님의 음성을 들은 여호수아는 일어나 이스라엘의 지도자들을 향해 명령했습니다. 그 명령에는 이스라엘이 곧 요단강을 건너 하나님이 약속하신 땅 가나안으로 들어가게 될 것이라는 내용이 담겨있었습니다.

"이에 여호수아가 그 백성의 관리들에게 명령하여 이르되 진중에 두루 다니며 그 백성에게 명령하여 이르기를 양식을 준비하라 사흘 안에 너희가 이 요단을 건너 너희의 하나님 야훼께서 너희에게 주사 차지하게 하시는 땅을 차지하기 위하여 들어갈 것임이니라 하라"(수 1:10-11)

여호수아의 명령에는 자기 뜻이 아닌 이스라엘의 조상들에게서부터 약속되었던 하나님의 계획, 그리고 그 계획을 성취하겠다는 하나님의 의지가 담겨있습니다. 이제 가나안 땅에 들어가 그곳을 점령할 것인데, 사흘 안에 차지할 것이며, 이를 위해 미리 먹을 양식을 준비하라는 것입니다.

여호수아의 명령은 마치 이스라엘이 벌써 가나안 땅을 차지한 것 같은 인상을 줍니다. 하나님이 이미 약속하셨고 승리를 보증해주신 것을 그가 확실히 믿고 있었기 때문입니다. 이것이 바로 우리가 가져야 할 참된 믿음의 모습입니다. 자기 생각이나 뜻을 앞세우는 것이 아니라, 하나님이 주신 약속의 말씀 위에 서는 것입니다. 약속의 말씀을 붙들고 담대히 전진해 나가는 것이 진정한 믿음이라고 말할 수 있습니다.

우리는 1년 365일을 사는 동안 우리 자신이 하나님의 말씀과 동행하고 있는지를 늘 점검해야 합니다. 말씀은 축복의 근원이

자 우리의 삶을 승리로 이끄시는 하나님의 능력이 됩니다. 금보다 귀한 것이 말씀이며, 꿀보다도 단 것이 바로 하나님의 음성임을 깨닫는 사람만이 이를 붙들고 믿음의 길을 걸을 수 있습니다.

> "금 곧 많은 순금보다 더 사모할 것이며 꿀과 송이꿀보다 더 달도다"(시 19:10)

하나님의 약속의 말씀은 늘 우리에게 용기를 줍니다. 아무리 현실이 어둡고 어려울지라도 말씀이 있으면 그것이 우리 발에 등불이 되고 길에는 빛이 되어 우리의 삶을 인도해갈 것입니다(시 119:105). 여호수아처럼 하나님의 말씀을 붙들고 마음을 강하고 담대하게 무장하여 우리 앞에 놓인 가나안을 향해 달려 나가기를 소망합니다. 하나님이 이스라엘 백성에게 약속하신 것을 이루시고 축복의 땅을 허락하셨던 것처럼 우리에게도 큰 축복을 주실 것입니다.

> "내가 모세에게 말한 바와 같이 너희 발바닥으로 밟는 곳은 모두 내가 너희에게 주었노니 곧 광야와 이 레바논에서부터 큰 강 곧 유브라데 강까지 헷 족속의 온 땅과 또 해 지는 쪽에 대해까지 너희의 영토가 되리라"(수 1:3-4)

삶 속으로

Q 하나님은 두려워하지 말고 마음을 담대하게 하라고 말씀하십니다. 내게 지속적으로 두려움을 주는 것은 무엇인가요? 이를 이겨내기 위해서 내가 실천해야 할 것은 무엇일까요?

Q 나는 하나님이 주신 약속의 말씀을 붙들고 있나요? 마음 한가운데 주님의 말씀이 있을 때와 말씀이 없을 때 어떤 차이를 느꼈나요?

---

1. 절대 긍정 절대 감사로 마음을 강하게 하라.
2. 두려움을 떨쳐내고 믿음으로 전진하라.
3. 약속의 말씀으로 하나님의 인도하심을 받으라.

05

#환경 #선택 #맡김

인생은 선택의 연속입니다

우리는 매일매일 무언가를 선택하고 결정합니다.
최선의 길을 선택하기 위해
주변 사람들의 의견을 듣거나,
관련된 정보를 수집하기도 합니다.

그러나 크리스천의 선택 기준은 달라야 합니다.
크리스천은 믿음의 눈으로 환경을 바라보고,
믿음의 선택을 해야 합니다.

강하고 담대하라

말하되 야훼께서 이 땅을 너희에게 주신 줄을 내가 아노라 우리가 너희를 심히 두려워하고 이 땅 주민들이 다 너희 앞에서 간담이 녹나니 이는 너희가 애굽에서 나올 때에 야훼께서 너희 앞에서 홍해 물을 마르게 하신 일과 너희가 요단 저쪽에 있는 아모리 사람의 두 왕 시혼과 옥에게 행한 일 곧 그들을 전멸시킨 일을 우리가 들었음이니라 우리가 듣자 곧 마음이 녹았고 너희로 말미암아 사람이 정신을 잃었나니 너희의 하나님 야훼는 위로는 하늘에서도 아래로는 땅에서도 하나님이시니라 _ 여호수아 2장 9-11절

> 선택의 기로에 섰을 때

라합의 믿음

    마태복음 1장에 기록된 예수님의 족보를 보면 다섯 명의 여인이 등장합니다. 한 명은 예수님의 어머니였던 마리아이고, 나머지 네 명은 다말, 라합, 룻, 그리고 우리야의 아내인 밧세바입니다(마 1:3, 5, 6, 16). 이들 중 라합은 여호수아의 가나안 정복 이야기 가운데 등장하는 여인입니다.

    라합은 "아브라함과 다윗의 자손 예수 그리스도의 계보"(마 1:1)에 오르는 복을 얻은 여인이었습니다. 그렇다면 여호수아서에 나타난 라합은 누구였으며 어떤 믿음의 행보를 통해 이렇게 영광스러운 반열에 들게 된 것일까요?

1. 라합의 신분

여호수아는 가나안 땅을 정복하기에 앞서 그 땅과 여리고를 정탐하기 위해 두 사람의 정탐꾼을 보냈습니다. 이때 이 두 사람이 묵었던 곳이 바로 라합의 집이었습니다.

"눈의 아들 여호수아가 싯딤에서 두 사람을 정탐꾼으로 보내며 이르되 가서 그 땅과 여리고를 엿보라 하매 그들이 가서 라합이라 하는 기생의 집에 들어가 거기서 유숙하더니"(수 2:1)

말씀에 의하면 라합은 여리고에 거주하고 있던 "기생"이었음을 알 수 있습니다. 한마디로 천한 신분을 가진 사람이었습니다. 당시 사람들이 인격적으로 존중해 주지도 않고, 함부로 대하고, 무시하고 깔볼 수 있는 위치에 있던 사람이 바로 그녀였습니다.

오늘날 우리 사회에도 힘없고 약한 사람이 차별받거나 부당한 대우를 받는 경우가 빈번하게 일어나곤 합니다. 그러나 이는 "이웃 사랑하기를 네 자신 같이 하라"(갈 5:14)라고 하신 하나님의 말씀을 경시하는 악한 행동입니다.

하나님은 그 어떤 사람도 차별하지 않으십니다. 가진 자, 못 가진 자, 배운 자, 못 배운 자, 건강한 자, 장애가 있는 자, 노인, 아이, 남자, 여자 할 것 없이 모두 고귀한 존재입니다. 왜냐하면 모든 사람이 하나님의 형상으로 지어졌기 때문입니다.

> "하나님이 자기 형상 곧 하나님의 형상대로 사람을 창조하시되 남자와 여자를 창조하시고"(창 1:27)

라합 역시 기생이라는 신분으로 인해 사회적으로 경시되는 위치에 있었으나 하나님이 보신 것은 그녀의 외적인 면이 아니었습니다. 오히려 하나님은 이스라엘을 통한 하나님의 역사에 라합이 어떻게 반응하고 참여하는지를 보셨습니다.

라합은 위기에 처한 이스라엘의 정탐꾼들을 숨겨주고 그들에게 여리고에 관한 정보를 제공함으로써, 이스라엘이 여리고를 함락시키는 일에 크게 일조했습니다. 이는 그녀가 하나님이 행하시는 일을 주목하고 하나님의 편에 서기로 믿음의 결단을 내렸기에 가능했던 것이었습니다. 하나님은 그러한 라합에게 은혜를 베푸셨습니다.

하나님은 불우한 과거, 실패한 경험, 보잘것없는 배경과 같은 것들로 우리를 판단하지 않으십니다. 우리의 신분, 학력, 외모, 재력 같은 것에 주목하지도 않으십니다. 이러한 것들은 세상 사람들이 주목하는 것입니다. 하나님은 우리의 믿음을 보십니다. 라합이 이스라엘 가운데 역사하시는 하나님을 바라보고 믿음의 결단을 내렸듯이 우리도 하나님의 역사를 주목하고 믿음으로 결단해야 합니다. 하나님은 라합과 같이 하나님 편에 서기를 주저하지 않는 믿음의 사람들과 함께하시고, 그들의 환경, 조건, 배경을 뛰어넘는 놀라운 은혜를 베푸시는 분이십니다.

2. 라합의 믿음

살아가다 보면 믿음 안에서 선택의 기로에 서는 순간들이 찾아오곤 합니다. 여리고에서 기생의 신분으로 살고 있던 라합에게도 그런 순간이 찾아왔습니다. 가나안 땅 정복을 앞두고 보냄을 받았던 이스라엘의 정탐꾼 두 명이 라합의 집에 들어가 머물렀기 때문입니다.

라합의 집은 마치 여행자들이 머무는 여관처럼 많은 사람이 왕래하던 곳이었습니다. 이에 이스라엘의 정탐꾼 두 명은 가나안 땅과 여리고에 대한 정보를 얻고자 일부러 라합의 집을 찾아 그곳에서 유숙했던 것으로 보입니다.

그러던 중 위기의 순간이 찾아왔습니다. 이스라엘 정탐꾼들이 라합의 집에 머물고 있다는 소식을 누군가가 여리고 왕에게 알린 것입니다. 여리고의 왕은 라합의 집으로 사람을 보내 이스라엘 사람들을 끌어내라고 다그쳤습니다(수 2:2-3). 라합이 어떻게 대답하고 행동하느냐에 따라 이스라엘 정탐꾼들의 목숨이 결정되는 순간이었습니다.

그러나 라합은 이미 두 정탐꾼을 도와 이스라엘의 하나님 편에 서기로 마음을 먹은 상태였습니다. 그녀는 정탐꾼들을 숨겨둔 뒤, 그들을 찾는 자들에게 다음과 같이 대답했습니다.

> "그 여인이 그 두 사람을 이미 숨긴지라 이르되 과연 그 사람들이 내게 왔었으나 그들이 어디에서 왔는지 나는 알지 못하였고 그 사람들이 어두워 성문을 닫을 때쯤 되어 나갔으니 어디로 갔는지 내가 알지 못하나 급히 따라가라 그리하면 그들을 따라잡으리라 하였으나"(수 2:4-5)

라합의 이러한 대답은 악의적인 거짓말이 아니었습니다. 하나님 편에 서서 이스라엘의 정탐꾼들을 보호하고 하나님의 백성들을 돕기 위한 믿음의 결단이었습니다. 만약 정탐꾼들을 숨긴 사실이 발각이라도 된다면 라합의 목숨 역시 위태로워졌을 것이 분명합니다. 그럼에도 그녀는 이스라엘의 편에 서서 정탐꾼들을 돕는 것이 자기가 선택해야 할 길이라고 확신했고 이를 실천에 옮겼습니다.

　　이처럼 인생을 살아가는 동안 중대한 선택의 순간이 다가올 때가 있습니다. 그리고 어떠한 결정은 삶을 송두리째 뒤바꾸기도 합니다. 예수 그리스도의 복음을 듣게 되었을 때 믿음으로 복음을 받아들이고 예수님을 구주로 영접하는 사람은 영생을 얻습니다. 그러나 그 순간, 복음을 듣고 그냥 흘려보내는 사람에게는 참 생명이 주어지지 않습니다.

　　두 정탐꾼을 쫓던 자들이 떠난 후에 라합은 숨어있던 이스라엘 정탐꾼들에게 가서 자신의 신앙을 고백했습니다. 이스라엘 백성들을 지금까지 인도해오신 하나님이 하늘에서나 땅에서나 참 하나님이시라는 것입니다.

> "또 그들이 눕기 전에 라합이 지붕에 올라가서 그들에게 이르러 말하되 야훼께서 이 땅을 너희에게 주신 줄을 내가 아노라 우리가 너희를 심히 두려워하고 이 땅 주민들이 다 너희 앞에서 간담이 녹나니 이는 너희가 애굽에서 나올 때에 야훼께서 너희 앞에서 홍해 물을 마르게 하신 일과 너희가 요단 저쪽에 있는 아모리 사람의 두 왕 시혼과 옥에게 행한 일 곧 그들을 전멸시킨 일을 우리가 들었음이니라 … 너희의 하나님 야훼는 위로는 하늘에서도 아래로는 땅에서도 하나님이시니라"(수 2:8-11)

이 고백 안에서 라합의 신앙의 정수를 확인할 수 있습니다. 그녀는 이스라엘의 하나님이 행하신 일을 전해 들었을 때, 그분 앞에 나아와 자기 삶을 내맡겨야 한다는 것을 알았습니다. 여리고에 거주하는 사람으로서 이러한 결단을 내리는 것은 생명을 거는 위험을 감수하는 것이었습니다. 그러나 라합은 이 같은 위험보다도 하나님이 얼마나 위대한 분이신지를 바라보았습니다.

이러한 믿음의 결단을 통해 평범한 여인 라합, 어찌 보면 비천한 신분으로 생을 마감할 수 있었던 라합이 아브라함, 이삭, 야곱과 같은 믿음의 조상들과 함께 그리스도의 계보에 오르는 영광을 얻게 되었습니다.

> "믿음으로 기생 라합은 정탐꾼을 평안히 영접하였으므로 순종하지 아니한 자와 함께 멸망하지 아니하였도다"(히 11:31)

믿음의 사람은 라합처럼 선택의 기로에 섰을 때 '믿음으로' 결정하고 '믿음으로' 행동하는 사람입니다. 당장은 손해가 되는 것처럼 보여도, 위험을 감수할지라도, 어떤 미래가 다가올지 알 수 없어도 하나님의 말씀을 따라 하나님 편에 서서 주님이 기뻐하시는 것을 선택하는 것이 바로 믿음입니다. 라합의 담대한 믿음의 결단은 두 정탐꾼뿐만 아니라, 온 이스라엘이 약속의 땅으로 들어갈 길을 열었습니다. 우리 또한 무엇이 하나님을 기쁘시게 하는 길인지, 무엇이 하나님께 영광이 되는 선택일지를 분별하여 올바른 믿음의 결단을 내릴 수 있어야겠습니다.

3. 온 가족을 구원한 라합

여호수아서에 기록된 라합의 신앙에는 또 하나 주목할 부

분이 있습니다. 바로 라합의 믿음이 그녀 자신만 구한 것이 아니라 그녀의 가족들까지 모두 구원에 이르도록 만들었다는 점입니다. 이스라엘의 두 정탐꾼을 숨겨준 라합은 자신이 그들을 선대한 것처럼 그들도 자신에게 은혜를 베풀어달라고 말했습니다.

> "그러므로 이제 청하노니 내가 너희를 선대하였은즉 너희도 내 아버지의 집을 선대하도록 야훼로 내게 맹세하고 내게 증표를 내라 그리고 나의 부모와 나의 남녀 형제와 그들에게 속한 모든 사람을 살려 주어 우리 목숨을 죽음에서 건져내라"(수 2:12-13)

라합의 믿음은 개인주의적 차원에 국한된 것이 아니었습니다. 그녀는 자신이 내린 믿음의 결단을 통해 부모, 형제, 그리고 그들의 가족까지도 구원받기를 바랐습니다. 이처럼 진정한 믿음의 사람은 자기 혼자만 구원과 축복을 받는 데 머무르지 않습니다. 내가 받은 하나님의 은혜를 가족, 친척, 이웃과 함께 나누는 사람이 바로 참된 믿음의 사람입니다.

라합의 집은 성벽 위에 세워져 있었습니다. 그래서 그녀는 창문에 밧줄을 달아서 두 정탐꾼이 빠져나갈 수 있게 해주었습니다. 두 정탐꾼은 라합이 자신들의 일을 누설하지 않는다면 이스라엘이 여리고를 점령할 때 그녀와 그녀의 가족 모두를 살려 주겠다고 약속했습니다. 그리고 약속의 표시로 정탐꾼들이 내려갔던 그 창문에 붉은 줄을 매어 놓으라고 말했습니다.

> "우리가 이 땅에 들어올 때에 우리를 달아 내린 창문에 이 붉은 줄을 매고 네 부모와 형제와 네 아버지의 가족을 다 네 집에 모으라 누구든지 네 집 문을 나가서 거리로 가면 그의 피가 그의 머리로 돌아갈 것이요 우리는 허물이 없으리라 그러나 누구든지 너와 함께 집에 있는 자에게 손을 대면 그의 피는 우리의 머리로 돌아오려니와"(수 2:18-19)

이후 이스라엘이 여리고 성을 정복할 때 붉은 줄이 달려 있던 라합의 집 사람들만 구원받았습니다. 라합의 믿음의 결단이 그녀 자신뿐 아니라 일가족 전부의 생명을 구원한 것입니다.

> "여호수아가 기생 라합과 그의 아버지의 가족과 그에게 속한 모든 것을 살렸으므로 그가 오늘까지 이스라엘 중에 거주하였으니 이는 여호수아가 여리고를 정탐하려고 보낸 사자들을 숨겼음이었더라"(수 6:25)

라합이 매달았던 붉은 줄은 이스라엘 백성이 430년 동안 애굽에서 종살이하다가 유월절 어린 양의 피로 구원받고 출애굽 한 장면을 상기시킵니다. 나아가 이는 십자가에서 피 흘려 돌아가신 예수님을 구세주로 믿는 모든 자들이 구원받게 됨을 의미하기도 합니다.

붉은 줄로 이스라엘의 정탐꾼 두 명을 살리는 호의를 베풀었던 라합은, 다시 그 붉은 줄을 통해 자신과 자신에게 속한 가족 모두가 구원받는 은혜를 경험했습니다. 라합의 이야기는 우리 한 사람이 하나님 편에 서는 것이 얼마나 중요한지를 보여줍니다. 우리가 주님을 만나 그분의 은혜와 축복을 경험하면 그것은 우리에게만 머무르지 않고 우리 가정과 주변 사람들에게로 확장되기 때문입니다.

여호수아와 이스라엘 백성들이 여리고를 향해 행진했던 것처럼, 예수 그리스도의 복음과 더불어 임하는 하나님의 나라는 죄와 불의로 얼룩진 이 세상을 향해 행진해 나가고 있습니다. 이 땅에 사는 사람들에게 요구되는 것은 그 하나님 나라의 행진 앞에서 어떻게 반응할 것인지를 결정하는 것입니다.

이 세상 속 안주함에 젖어 하나님 나라의 도래를 인식하지도, 받아들이지도 못하는 사람은 여리고가 무너질 때 멸망한 사람들처럼 되고 말 것입니다. 그러나 라합처럼 하늘과 땅의 참된 주인이 하나님이심을 인정하고 믿음의 결단을 내리는 사람은 예수 그리스도의 보혈을 통해 놀라운 구원과 축복을 받게 될 것입니다. 나아가 이러한 사람들은 라합이 그랬듯이 자신을 넘어 주변 사람들까지 구원에 이르게 하는 선한 역할을 감당하게 될 것입니다.

"선생들이여 내가 어떻게 하여야 구원을 받으리이까 하거늘 이르되 주 예수를 믿으라 그리하면 너와 네 집이 구원을 받으리라 하고 주의 말씀을 그 사람과 그 집에 있는 모든 사람에게 전하더라"(행 16:30-32)

삶 속으로

Q 사람들은 외모, 학력, 지위, 재력 등 눈에 보이는 것들을 주목하지만, 하나님은 사람의 중심과 믿음을 보십니다. 사람 앞에 보이는 외적인 부분을 계발하는 것과 하나님이 보시는 영적인 차원을 세우는 일 중 나는 어디에 더 힘을 쏟고 있나요?

Q 라합이 내린 믿음의 결단은 그녀 자신과 가족의 삶을 바꾸었습니다. 하나님 앞에서 나와 우리 가정이 더욱 바르게 서기 위해 내가 내려야 할 믿음의 결단은 무엇이 있을까요?

요약
1. 하나님은 우리의 삶을 승리의 길로 인도하신다.
2. 하나님은 언제나 우리와 함께하신다.
3. 하나님은 결코 우리를 떠나지 않으신다.

06

#준비 #주권 #믿음

내 생각에는 이게 아닌데…

저마다 인생 계획이 있습니다.
그러나 그 계획대로 인생이 흘러가진 않습니다.
이때 우리는 내 인생의 주인이 내가 아님을 깨닫게 됩니다.
하나님이 우리의 인생을 주관하십니다.

내 생각과 계획을 내려놓고 순종하는 것,
하나님이 역사하시도록 준비하는 것,
그것이 우리가 할 일입니다.

강하고
담대하라

야훼께서 여호수아에게 이르시되 내가 오늘부터 시작하여 너를 온 이스라엘의 목전에서 크게 하여 내가 모세와 함께 있었던 것 같이 너와 함께 있는 것을 그들이 알게 하리라 너는 언약궤를 멘 제사장들에게 명령하여 이르기를 너희가 요단 물 가에 이르거든 요단에 들어서라 하라 _ 여호수아 3장 7-8절

내 생각과 계획이 앞설 때

요단을 건너라

출애굽한 이스라엘 백성들이 가나안 입구에 이르렀을 때 그들 앞에는 요단강이 있었습니다. 그들이 그곳에서 내릴 수 있는 선택은 요단강을 건널 것이냐, 뒤로 물러갈 것이냐 단 두 가지밖에 없었습니다.

우리가 인생을 살아가는 동안에도 요단강과 같이 우리 앞길을 가로막는 문제들을 만날 때가 있습니다. 그러나 거기서 멈춰 있는 것은 결코 주님의 뜻이 아닙니다. 주님은 우리가 문제의 요단강을 믿음으로 넘어가서 예비하신 축복과 은혜를 받아 누리기를 원하십니다.

1. 요단강을 건너기 위한 준비

하나님이 약속하신 축복의 자리로 나아가는 길 가운데에는 늘 수많은 방해가 도사리고 있습니다. 예수님을 믿으면 인생의 모든 문제가 사라진다고 말하는 사람은 거짓말쟁이입니다. 예수님을 믿는다고 해서 문제없는 삶을 살지는 않습니다. 그러나 예수님을 믿지 않는 사람과는 분명한 차이가 있습니다. 예수님을 믿어 하나님의 자녀가 되면 문제를 바라보는 시선과 이를 대하는 방식이 달라집니다.

여호수아서 3장을 보면 가나안 땅에 이르기 직전 이스라엘 백성들이 요단강을 마주하게 됩니다. 이 요단강은 가나안 땅의 경계를 이루는 곳이었습니다. 이곳에 이르기까지 장장 40년이 걸렸던 이스라엘이 드디어 가나안 목전에 이른 것이었습니다.

광야에서 백성과 더불어 숱한 시험과 고초를 통해 믿음의 훈련을 받은 여호수아는 요단강이라는 문제 앞에서 백성들에게 다음과 같은 명령을 내렸습니다.

"여호수아가 또 백성에게 이르되 너희는 자신을 성결하게 하라

야훼께서 내일 너희 가운데에 기이한 일들을 행하시리라"(수 3:5)

여호수아의 명령에는 매우 놀라운 관점이 담겨있습니다. 그는 요단강이라는 눈앞의 숙제가 아니라 그 너머에 있는 하나님의 약속과 섭리를 주목했습니다. 그는 말하기를 하나님이 이스라엘 가운데 기이한 일을 행하실 것이니 성결하게 하라고 말했습니다. 한마디로 하나님이 요단강이라는 문제를 놀라운 방식으로 해결하실 테니 그 역사를 목격할 준비를 하라는 것입니다.

여호수아의 말처럼 우리가 하나님 앞에서 복을 받기 위해서는 먼저 준비되어 있어야 합니다. 그릇이 없는데 내용물이 담길 수는 없는 법입니다. 하나님이 우리 삶에 펼치시는 역사를 목격하고 참여하기 위해서는 먼저 이를 받아들일 수 있는 준비가 되어 있어야 합니다.

시내산에서 하나님의 임재하심을 경험하고 십계명을 받던 때도 하나님은 이스라엘에게 자신을 성결하게 하라고 말씀하신 바 있습니다.

"야훼께서 모세에게 이르시되 너는 백성에게로 가서 오늘과 내일 그들을 성결하게 하며 그들에게 옷을 빨게 하고 준비하게 하여 셋째 날을 기다리게 하라 이는 셋째 날에 나 야훼가 온 백성의 목전에서 시내 산에 강림할 것임이니"(출 19:10-11)

문제가 있을 때 우리는 내 생각과 계획을 앞세우지 말고 하나님의 역사를 기대해야 합니다. 하나님이 개입해주셔서 가장 선하고 온전하며 바른길로 인도해주시기를 기도해야 합니다. 그리고 하나님의 인도하심을 받을 수 있는 준비된 자세가 우리에게 있어야 합니다.

세상의 고위직에 있는 사람이나 웃어른을 만나러 갈 때도 복장을 단정하게 하고 마음을 준비해 찾아가는 것이 우리 모습입니다. 하물며 온 우주 만물을 지으시고 다스리시는 분이시며 우리 삶의 주관자가 되시는 하나님의 임재와 인도를 경험하고자 하는 사람이 어떻게 아무런 준비를 하지 않을 수 있겠습니까?

요단강을 건너기 전, 백성들을 향해 "자신을 성결하게 하라"라고 명령했던 여호수아의 외침을 우리는 마음 깊이 새겨 들어야 합니다. 그리스도 안에 있는 우리에게 눈앞에 닥쳐오는 문제는 아무것도 아닙니다. 삶의 문제가 우리에게 크게 보이는 이유는 문제 너머에 있는 하나님의 축복과 계획을 주목하지 못하기 때문입니다.

우리가 늘 집중해야 할 일은 하나님이 계획하시고 섭리하신 놀라운 일들을 경험하기 위하여 우리 자신을 성결하게 준비하는 것입니다. 우리 안에 있는 잡념, 근심, 염려, 불신앙을 걷어내고 믿음의 그릇을 깨끗하게 하여 주님의 역사하심을 경험할 준비를 해야 합니다. 그러할 때 하나님이 우리를 만나주시고 우리의 눈을 열어 문제 너머의 축복을 바라보게 해주십니다.

눈앞에 요단강과 같이 나를 가로막는 듯한 문제가 있으십니까? 그 문제를 어떻게 해결할까 생각하기보다 먼저 하나님 앞에서 우리의 영혼을 바로 세우기를 바랍니다. 그렇게 할 때 하나님은 그 문제를 놀라운 방식으로 해결해주시고 우리를 예비하신 축복의 자리로 인도해주실 것입니다.

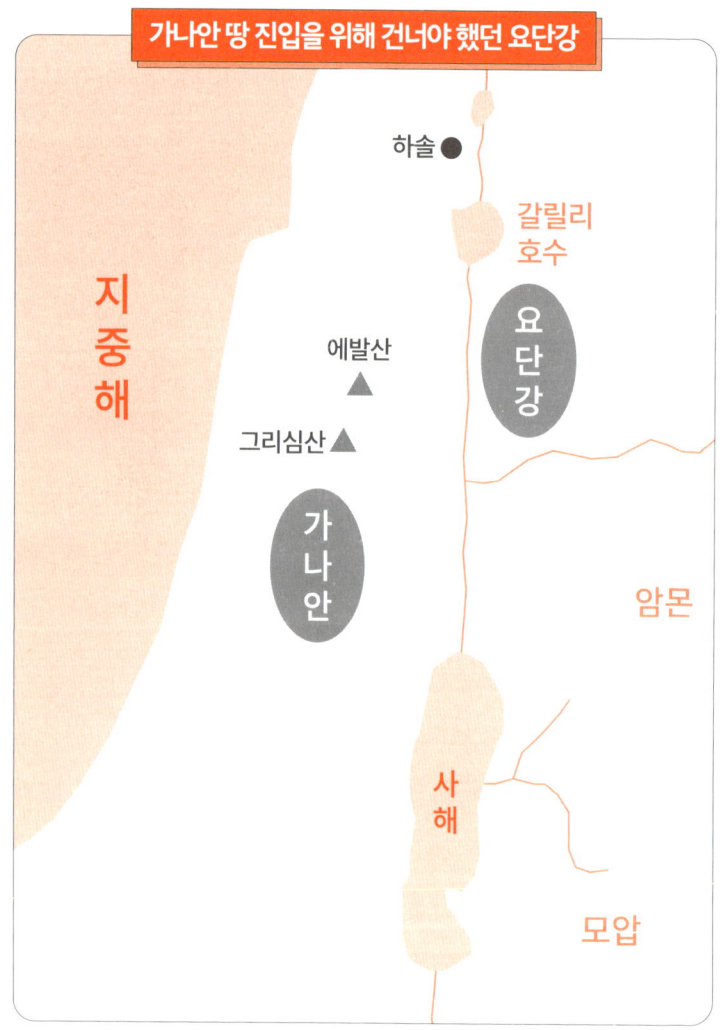

2. 언약궤를 앞세우고 나아가라

우리는 어떤 일을 하든지 하나님보다 앞서지 않도록 해야 합니다. 우리는 하나님을 뒤따르는 자들입니다. 말씀과 기도를 통해 하나님의 뜻을 따라가면 우리의 걸음도 순탄하겠지만, 우리가 하나님보다 앞서 행하면 불필요한 고난을 맞닥뜨리기 쉽습니다.

이런 맥락에서 여호수아가 요단강을 어떻게 건너야 하는지 명령하는 부분은 눈여겨볼 대목입니다. 그는 제사장들에게 언약궤를 메고 백성보다 앞서서 나아가라고 말했습니다.

> "여호수아가 또 제사장들에게 말하여 이르되 언약궤를 메고 백성에 앞서 건너라 하매 곧 언약궤를 메고 백성에 앞서 나아가니라"(수 3:6)

언약궤는 그 안에 십계명의 돌판, 아론의 싹 난 지팡이, 만나 항아리를 담고 있던 성물로서 하나님의 임재를 상징했습니다. 이스라엘 백성들이 40년 동안 광야 생활을 할 때 이 언약궤는 항상 성막의 지성소 안에 있으면서 이스라엘 백성과 함께했습니다. 이때 낮에는 구름 기둥이, 밤에 불기둥이 저들을 인도했다고 성경은 말씀합니다.

> "낮에는 야훼의 구름이 성막 위에 있고 밤에는 불이 그 구름 가운데에 있음을 이스라엘의 온 족속이 그 모든 행진하는 길에서 그들의 눈으로 보았더라"(출 40:38)

이처럼 우리도 일생을 살아가는 동안 하나님의 인도하심을 따라 살아야 합니다. 운전할 때 내비게이션의 길 안내를 따르는 것처럼, 우리는 하나님의 말씀이 우리를 인도하시는 대로 순종하며 나아가야 합니다.

사도 바울은 그 누구보다 열정적으로 복음을 전했던 사람입니다. 그런데 2차 선교여행 중 그가 소아시아 지역, 즉 지금의 튀르키예 지역으로 가서 복음을 전하려고 계획했습니다. 그 지역은 바울이 1차 선교여행 때 여러 교회를 세웠던 곳이기도 해서 다시 방문하여 그 교회들을 둘러보고자 하는 마음도 있었습니다. 그런데 바로 그때 성령님이 바울의 길을 막으셨습니다.

> "성령이 아시아에서 말씀을 전하지 못하게 하시거늘 그들이 브

루기아와 갈라디아 땅으로 다녀가 무시아 앞에 이르러 비두니아로 가고자 애쓰되 예수의 영이 허락하지 아니하시는지라"
(행 16:6-7)

하나님은 바울이 아시아가 아니라 유럽에서 복음을 전하길 원하셨기 때문입니다. 결국 바울은 드로아에서 환상을 보고 하나님의 뜻에 순종했습니다. 자신의 계획대로가 아니라 성령님이 이끄시는 대로 마게도냐, 즉 그리스 지역으로 발걸음을 옮겼습니다.

"밤에 환상이 바울에게 보이니 마게도냐 사람 하나가 서서 그에게 청하여 이르되 마게도냐로 건너와서 우리를 도우라 하거늘 바울이 그 환상을 보았을 때 우리가 곧 마게도냐로 떠나기를 힘쓰니 이는 하나님이 저 사람들에게 복음을 전하라고 우리를 부르신 줄로 인정함이러라"(행 16:9-10)

이러한 바울의 모습은 우리의 귀감이 됩니다. 우리는 하나님이 우리 발걸음을 인도하시는 곳으로만 향해야 합니다. 그것이 그리스도께 붙들린 사람이고 성령의 지도를 받는 사람의 모습입니다.

여호수아가 제사장들에게 언약궤를 메고 백성에 앞서 요단을 건너라 명했던 것도 같은 맥락입니다. 여호수아는 하나님의 임재를 상징하는 언약궤가 이스라엘을 앞서갈 때 이스라엘이 평탄한 행보로 나아갈 수 있다는 것을 알았기에 그와 같은 명령을 내렸던 것입니다. 하나님은 이러한 명령을 내린 여호수아에게 "내가 오늘부터 시작하여 너를 온 이스라엘의 목전에서 크게 하여 내가 모세와 함께 있었던 것 같이 너와 함께 있는 것을 그들이 알게 하리라"(수 3:7)라는 약속의 말씀을 주셨습니다.

주님보다 앞서지 않고 주님이 인도하시는 길로 순종하며 걸어가는 삶, 그것이 이스라엘의 행군이었고, 초기 그리스도인들의 행보였으며, 또한 오늘날 우리가 추구해야 할 길임을 기억해야겠습니다.

3. 믿음으로 발걸음을 내딛으라

하나님의 축복은 믿음으로 하나님이 행하실 일을 바라보고 소망하는 사람들에게 임합니다. 성경은 "믿음이 없이는 하나님을 기쁘시게 하지 못하나니 하나님께 나아가는 자는 반드시 그가 계신 것과 또한 그가 자기를 찾는 자들에게 상 주시는 이심을 믿어야 할지니라"(히 11:6)라고 말씀합니다.

우리는 신앙의 여정 가운데 하나님의 때를 기다려야 합니다. 하나님의 인도하심에 따라 발걸음을 옮겨야 합니다. 인내하며 기다리는 것도 쉽지 않은 일이지만, 막상 발걸음을 옮겨야 할 때 이를 실천하는 것 역시 믿음이 없다면 쉽지 않은 일입니다.

감사한 것은, 우리를 우리 자신보다 더 잘 아시는 하나님이 우리의 믿음의 분량에 따라 우리를 이끄신다는 사실입니다. 이스라엘 백성이 출애굽 한 직후, 뒤에서는 애굽의 군대가 쫓아오고 앞에는 홍해가 진로를 가로막았던 절체절명의 순간이 있었습니다. 온 백성이 두려움에 사로잡혔던 그때, 하나님은 모세에게 지팡이를 들고 손을 내밀어 바다가 갈라지게 하라고 말씀하셨습니다(출 14:15-16). 당시 이스라엘 백성들은 하나님이 모세를 통해 바다를 마른 땅으로 만드시는 것을 보며 그 길로 나아가면 되었습니다.

그런데 이스라엘이 광야에서 40년의 훈련과정을 거친 뒤

요단강 앞에 이르렀을 때, 하나님은 다른 수준의 믿음을 기대하셨습니다. 이제는 물을 갈라 마른 땅 위로 걸어가게 하지 않으시고, 흐르는 강물에 먼저 발을 내딛기를 원하셨습니다.

> "너는 언약궤를 멘 제사장들에게 명령하여 이르기를 너희가 요단 물 가에 이르거든 요단에 들어서라 하라"(수 3:8)

이스라엘은 눈앞의 바다가 갈라지고, 하늘로부터 내려오는 만나를 먹고, 반석에서 물이 솟아나는 것을 목격하면서 하나님이 자신들의 참된 주이심을 경험했습니다. 하지만 이제는 이스라엘 편에서 흐르는 물에 발을 들여놓으며 하나님께 믿음을 보여드려야 하는 수준에 이르렀습니다.

이처럼 믿음의 성장을 이룬 사람들은 하나님의 인도하심이 있을 때 가만히 지켜보는 것이 아니라, 믿음으로 발을 내딛어야 합니다. 이를 통해 하나님이 행하실 놀라운 역사에 동참하는 것입니다.

물론 믿음을 먼저 보인다는 것이 쉽지는 않습니다. 강물이 아직 갈라질 기미도 보이지도 않는데 그 물을 향해 걸어야 했던 제사장들의 마음이 어땠을까요? 더욱이 이스라엘이 요단강을 건널 때는 추수할 시기여서 요단강의 물이 강둑까지 넘쳐흐르고 있었습니다. 그럼에도 제사장들은 믿음으로 물을 향해 걸어갔습니다.

때로는 모험적이고 무모해 보이는 믿음의 행위를 우리가 감행할 수 있는 근거는 하나님의 말씀입니다. 말씀대로 나아가기만 하면 두려울 게 없습니다. 우리의 내적 확신이 아니라 하나님의 말씀을 믿고 발을 떼는 것이기 때문입니다. 실제로 제사장들의 발이 요단강 물가에 잠기자 흘러내리던 물이 멈추어서 이스라엘 온 백성이 마른 땅으로 요단을 건너갔습니다.

> "요단이 곡식 거두는 시기에는 항상 언덕에 넘치더라 궤를 멘 자들이 요단에 이르며 궤를 멘 제사장들의 발이 물 가에 잠기자 곧 위에서부터 흘러내리던 물이 그쳐서 사르단에 가까운 매우 멀리 있는 아담 성읍 변두리에 일어나 한 곳에 쌓이고 … 모든 이스라엘은 그 마른 땅으로 건너갔더라"(수 3:15-17)

이스라엘 백성에게 요단강을 건너간다는 것은 지리적인 차원을 넘어서는 의미가 있었습니다. 이는 과거 종 되었던 애굽에서의 삶, 그리고 광야에서 불순종하던 40년 방황의 시기를 모두 뒤로하고 하나님이 예비하신 약속의 땅으로 들어가는 것을 의미했습니다. 결국 이스라엘은 믿음으로 발을 떼어 요단의 경계를 넘어서야 했던 것입니다.

우리 모두에게도 각자 건너가야 할 요단강이 있습니다. 그 요단의 경계를 넘어서지 않으면 과거에 붙잡히고 내 경험과 한계에 사로잡혀 살 수밖에 없습니다. 비록 이스라엘은 광야에서 불순종으로 점철된 부끄러운 세월을 보냈지만, 요단강 앞에서는 약속의 땅을 향해 용기 있는 발걸음을 내딛었습니다. 하나님이 오늘날 우리에게 바라시는 것도 이와 같은 믿음의 행동입니다.

어떠한 과거를 갖고 있든, 어떠한 연약함이나 문제가 내 앞에 놓여 있든, 하나님의 약속과 축복을 바라보면서 흐르는 요단강을 향해 믿음의 발걸음을 내딛으십시오. 하나님이 그 문제의 요단강을 멈추시고 우리로 하여금 젖과 꿀이 흐르는 땅으로 나아가게 하실 것입니다.

"이전 것은 지나갔으니 보라 새 것이 되었도다"(고후 5:17)

삶 속으로

Q 하나님이 내 삶 가운데 이루실 역사를 경험하기 위해 나는 어떤 준비를 해야 할까요?

Q 이스라엘은 과거 홍해를 건넜을 때와 달리 그들의 발을 먼저 요단강의 흐르는 물속에 내딛어야만 했습니다. 내가 오늘 믿음으로 건너야 할 문제의 요단강은 무엇인가요? 혹시 믿음으로 내딛기를 주저하는 일이 있다면 이야기해봅시다.

---

1. 하나님의 역사에 참여하려면 먼저 자신을 성결케 하라.
2. 내 생각이나 경험이 아니라 주님이 앞서가시도록 하라.
3. 믿음으로 문제의 요단강을 향해 발을 내딛어라.

07

#불가능 #한계 #의지

이건 못해! 불가능한 일이야!

인생을 사는 동안
적어도 한 번은,
아니 보통 사람이라면 여러 번
자신의 한계에 부딪히게 됩니다.

이러할 때 우리는 어떻게 해야 할까요?
시도조차 엄두가 나지 않을 때 우리는 어떻게 해야 할까요?

강하고 담대하라

이스라엘 자손들로 말미암아 여리고는 굳게 닫혔고 출입하는 자가 없더라 야훼께서 여호수아에게 이르시되 보라 내가 여리고와 그 왕과 용사들을 네 손에 넘겨 주었으니 너희 모든 군사는 그 성을 둘러 성 주위를 매일 한 번씩 돌되 엿새 동안을 그리하라 제사장 일곱은 일곱 양각 나팔을 잡고 언약궤 앞에서 나아갈 것이요 일곱째 날에는 그 성을 일곱 번 돌며 그 제사장들은 나팔을 불 것이며 제사장들이 양각 나팔을 길게 불어 그 나팔 소리가 너희에게 들릴 때에는 백성은 다 큰 소리로 외쳐 부를 것이라 그리하면 그 성벽이 무너져 내리리니 백성은 각기 앞으로 올라갈지니라 하시매

_ 여호수아 6장 1-5절

한계에 부딪힌다고 느낄 때

여리고를 무너뜨리라

인생에서 만나는 장애물들은 때때로 너무 커서 우리의 한계를 뼈저리게 느끼게 합니다. 우리의 발걸음을 멈추게 하고 우리를 위축시킵니다. 요단강을 건너 가나안으로 나아가던 이스라엘 백성 앞에도 그러한 장애물이 나타났습니다. 여리고라는 큰 성이 그들의 앞길에 버티고 있었던 것입니다.

1. 우리 앞에 놓인 여리고

요단강을 막 건넌 이스라엘 백성의 눈 앞에 나타난 것은 높고 견고한 성벽으로 둘러쌓인 여리고 성이었습니다. 이스라엘 백성이 가나안을 정복하기 위해서는 반드시 이 여리고 성을 먼저 무너뜨려야만 했습니다.

"이스라엘 자손들로 말미암아 여리고는 굳게 닫혔고 출입하는 자가 없더라 야훼께서 여호수아에게 이르시되 보라 내가 여리고와 그 왕과 용사들을 네 손에 넘겨 주었으니"(수 6:1-2)

여리고의 성벽은 바깥 성벽과 안쪽 성벽의 이중 구조로 이루어져 있어서 아주 견고했습니다. 바깥 성벽의 높이는 약 10m로, 특히 너비도 약 1.5m에서 3.4m 사이로 두꺼워서 마차가 그 성벽 위를 지나다닐 수 있을 정도였습니다. 첫 번째 성벽을 넘더라도 두 번째 성벽이 기다리고 있었습니다. 안쪽 성벽의 높이도 약 10m로 여리고가 주변보다 20m 높은 대지에 있음을 감안하면, 이스라엘 백성이 성벽 밑에서부터 넘어야 할 높이는 약 30m에 달했습니다. 성곽 전체 길이는 약 600m이고 전체 면적은 약 20,000㎡였습니다. 이전에도 많은 적군이 여리고를 쳐들어왔지만 결국 견고한 성을 함락하지 못하고 번번이 실패했습니다.

인생을 살아가는 동안 우리는 때때로 여리고 같은 어려움을 만납니다. 전 세계는 지난 3년 동안 코로나19라고 하는 여리고로 인해 고통스러운 시간을 보냈습니다. 설상가상으로 러시아가 우크라이나를 침공하여 전 세계의 곡물, 자원 등의 물가가 급상승했습니다. 안 그래도 팍팍한 살림살이가 더욱 어려워진 것입니다.

　가정의 여리고도 있습니다. 사랑으로 시작했던 부부가 심각한 갈등으로 이혼의 위기에 처하기도 합니다. 자녀가 이유 없이 반항하고 문제를 일으킵니다. 또 한순간에 건강과 물질을 잃어버리는 교통사고나 천재지변과 같은 여리고도 다가옵니다. 그 외에도 질병, 파산 등 수많은 여리고가 우리 앞을 가로막습니다. 우리가 이런 여리고를 만나게 되면 '이제 어떻게 사나? 어떻게 이 어려움을 헤쳐 나갈 수 있을까?' 하는 근심, 걱정, 두려움이 마음에 들어옵니다. 이러한 거대한 여리고 앞에서 우리는 절망할 수밖에 없는 연약한 존재입니다.

　여리고와 같은 장애물을 이겨내기 위해서는 먼저 마음의 여리고를 무너뜨려야 합니다. 내 마음속에 있는 두려움, 염려, 근심, 걱정의 여리고를 정복해야 합니다. 이를 위해 우리는 무엇을 해야 할까요? 주님의 말씀을 붙잡고 기도해야 합니다. 말씀을 읽고 묵상하며 기도할 때 하나님의 은혜가 임합니다. 내 힘과 능력으로 하려고 하면 실패하지만, 하나님을 믿고 의지하면 기적이 일어납니다. 로마서 8장 35절에서 37절을 보면 다음과 같은 위대한 선언의 말씀이 나옵니다.

> "누가 우리를 그리스도의 사랑에서 끊으리요 환난이나 곤고나 박해나 기근이나 적신이나 위험이나 칼이랴 … 그러나 이 모든 일에 우리를 사랑하시는 이로 말미암아 우리가 넉넉히 이기느니라"(롬 8:35-37)

우리 앞에 어떤 여리고가 놓여 있다고 해도 주님이 함께하시면 우리는 넉넉히 이길 수 있습니다. 문제나 환경을 바라보지 마십시오. 또 사람을 의지하지 마십시오. 오직 모든 문제의 해결자 되시는 전지전능하신 하나님을 믿고 의지하고 바라보며 나아가야 합니다.

2. 여리고를 돌아라

하나님은 여리고 성 정복을 앞둔 이스라엘 백성들에게 한

가지 명령을 내리셨습니다.

> "너희 모든 군사는 그 성을 둘러 성 주위를 매일 한 번씩 돌되 엿새 동안을 그리하라"(수 6:3)

여리고를 정복하기 위해 성 주위를 매일 한 바퀴씩 엿새 동안 돌라는 명령이었습니다. 또한 하나님은 어떤 방식으로 성을 돌아야 하는지도 구체적으로 말씀하셨습니다(수 6:4-5). 무장한 군사들이 앞장서고 양각 나팔을 가진 일곱 명의 제사장들이 그 뒤를 따랐습니다. 그리고 제사장들의 뒤를 하나님의 언약궤를 멘 사람들이, 언약궤 뒤를 나머지 이스라엘 군인들이 따라갔습니다. 그렇게 한 바퀴, 다음 날 또 한 바퀴, 6일 동안 여리고 성을 한 바퀴씩 돌고 들어오는 것이 이스라엘 백성들이 해야 할 일의 전부였습니다.

그런데 성을 도는 동안 이스라엘 백성들이 반드시 지켜야 할 수칙이 있었습니다. 제사장의 나팔 소리 외에는 아무 소리도 내지 말고 침묵하는 것입니다. 그들은 어떤 말도 하지 않고 묵묵히 법궤 뒤만 따라가야만 했습니다.

> "여호수아가 백성에게 명령하여 이르되 너희는 외치지 말며 너희 음성을 들리게 하지 말며 너희 입에서 아무 말도 내지 말라 그리하다가 내가 너희에게 명령하여 외치라 하는 날에 외칠지니라 하고"(수 6:10)

하나님이 이스라엘 백성에게 침묵을 명령하신 이유는 그들이 입만 열면 원망과 불평, 부정적인 말을 일삼았기 때문입니다. 출애굽을 한 이스라엘 백성이 40년간 광야에서 떠돌아야만 했던 이유도 가데스 바네아에서 한 원망과 불평 때문이었습니다. 이 일로 여호수아와 갈렙을 제외한 출애굽 1세대는 모두 광야에서 죽어야 했습니다.

이스라엘 백성들은 하나님의 놀라운 은혜와 기적으로 430년의 노예 생활에서 벗어나 애굽을 탈출했습니다. 그럼에도 그들은 무슨 일만 생기면 원망과 불평부터 늘어놓았습니다. 그들의 앞길이 홍해에 가로막히고 애굽 군대의 추격을 받자 그들은 하나님과 모세를 원망했습니다. 하지만 하나님은 홍해 가운데 길을 만드시고 뒤따라오던 애굽 군대들도 물리쳐주셨습니다. 시내산으로 가던 도중 이스라엘 백성들이 마실 물이 없어 불평하자, 하나님은 마라의 쓴 물을 달게 하시고, 르비딤에서는 반석을 갈라 물을 주셨습니다. 먹을 것이 없다고 불평하면 만나를 주셨고, 고기가 먹고 싶다고 불평하면 메추라기를 주셨습니다.

이렇게 하나님의 인도와 돌보심으로 가나안까지 도착한 이스라엘 백성은 부정적인 보고를 한 정탐꾼들의 말만 듣고 밤새 통곡하면서 원망과 불평을 늘어놓았습니다. 심지어 새로운 지휘관을 세워 애굽으로 돌아가자는 소리까지 나왔습니다. 그들의 원망과 불평에 진노하신 하나님은 그들의 말대로 가나안 땅에 들어가지 못하게 하셨습니다.

"나를 원망하는 이 악한 회중에게 내가 어느 때까지 참으랴 이스라엘 자손이 나를 향하여 원망하는 바 그 원망하는 말을 내가 들었노라 그들에게 이르기를 야훼의 말씀에 내 삶을 두고 맹세하노라 너희 말이 내 귀에 들린 대로 내가 너희에게 행하리니 너희 시체가 이 광야에 엎드러질 것이라 너희 중에서 이십 세 이상으로서 계수된 자 곧 나를 원망한 자 전부가 여분네의 아들 갈렙과 눈의 아들 여호수아 외에는 내가 맹세하여 너희에게 살게 하리라 한 땅에 결단코 들어가지 못하리라"(민 14:27-30)

그들이 정탐한 40일의 하루를 1년으로 쳐서 총 40년 동안, 20세 이상의 장정이 모두 죽을 때까지 이스라엘 백성은 광야에서 떠돌아야 했습니다. 이스라엘 백성들에게 이런 과거가 있었기에 하나님은 여리고 성을 도는 이스라엘 백성에게 침묵을 명령하셨습니다. 하나님이 침묵 훈련을 시키신 것은 부정적인 말을 하지 말라는 의미였습니다.

저들이 첫날 여리고 성을 돌고 왔을 때 집에 돌아와서 이렇게 이야기했을 것입니다. "이 성을 돌아보니 우리 힘으로는 도저히 이 성을 무너뜨릴 수 없다. 성벽이 얼마나 견고하고 높은지 그 성을 100년을 돌아도 전혀 무너지지 않을 것이다. 하지만 하나님이 우리에게 침묵하고 묵묵히 성을 돌라 명령하셨으니 우리는 그 말씀에 순종할 뿐이다. 이 일은 하나님이 하셔야 한다."

하루, 이틀, 사흘을 돌면서 그 생각은 마음속에 더욱 분명해졌습니다. "하나님, 우리는 할 수 없습니다. 우리를 불쌍히 여겨주시고 도와주옵소서. 우리를 가로막고 있는 여리고 성을 무너뜨려 주옵소서." 그들은 6일 내내 입을 꾹 다물고 성을 돌면서 하나님의 도우심을 간구했습니다.

어렵고 힘든 환경에서 우리가 해야 할 일은 원망하고 불평하는 것이 아니라 하나님 앞에 기도하는 것입니다. 하나님은 불평하는 사람과 함께 일하시지 않습니다. 하나님은 우리가 절대 긍정, 절대 감사의 믿음으로 무장하기를 원하십니다.

내 힘과 능력을 의지하면 패할 수밖에 없습니다. 내 힘이 아닌 하나님의 도우심을 간구해야 합니다. 우리가 엎드려 기도하면 하나님이 일하십니다. 우리가 기도하면서 묵묵히 하나님의 말씀을 따라갈 때 하나님의 타이밍에 결국 하나님이 승리하게 하십니다.

3. 믿음으로 선포하라

이스라엘 백성이 지난 엿새 동안 성벽을 돌 때 아무런 변화가 없었습니다. 여리고의 군인들은 그 모습을 바라보며 웃고 떠들면서 이스라엘 백성들을 조롱했습니다. 하지만 하나님은 이스라엘 백성에게 마지막 일곱째 날에 성을 일곱 바퀴를 돈 후 큰 소리로 외치라 말씀하셨습니다.

" … 일곱째 날에는 그 성을 일곱 번 돌며 그 제사장들은 나팔을 불 것이며 제사장들이 양각 나팔을 길게 불어 그 나팔 소리가 너희에게 들릴 때에는 백성은 다 큰 소리로 외쳐 부를 것이라 그리하면 그 성벽이 무너져 내리리니 백성은 각기 앞으로 올라갈지니라 하시매"(수 6:4-5)

하나님의 말씀대로 이스라엘 백성들은 엿새 동안 한 바퀴씩 돌았고, 마지막 날에는 새벽부터 일찍 일어나서 성을 일곱 바퀴를 돌았습니다.

"일곱째 날 새벽에 그들이 일찍이 일어나서 전과 같은 방식으로 그 성을 일곱 번 도니 그 성을 일곱 번 돌기는 그 날뿐이었더라 일곱 번째에 제사장들이 나팔을 불 때에 여호수아가 백성에게 이르되 외치라 야훼께서 너희에게 이 성을 주셨느니라"(수 6:15-16)

그리고 마지막 일곱 바퀴째 제사장들이 나팔을 불자, 백성들은 크게 외치라는 여호수아의 소리에 맞춰 외쳤습니다. "하나님! 우리는 할 수 없습니다. 우리가 의지할 분은 오직 하나님밖에 없습니다! 하나님이 이 성을 무너뜨려 주옵소서!"

> "이에 백성은 외치고 제사장들은 나팔을 불매 백성이 나팔 소리를 들을 때에 크게 소리 질러 외치니 성벽이 무너져 내린지라 백성이 각기 앞으로 나아가 그 성에 들어가서 그 성을 점령하고"(수 6:20)

그들이 크게 소리 질러 외치자 난공불락의 성벽이 와르르 무너졌습니다. 지난 엿새 동안 여섯 바퀴, 그리고 일곱째 날 일곱 바퀴, 총 열세 바퀴를 돌 때까지 아무런 변화가 없었던 여리고의 성벽이 한순간에 무너진 것입니다. 고고학자들의 연구에 따르면 그 시기에 갑자기 지진이 나서 성벽이 무너진 흔적이 발견되었다고 합니다. 하나님이 땅을 흔드셔서 그 견고한 성을 무너뜨리신 것입니다. 이것은 하나님의 역사입니다.

여리고 성벽 붕괴는 철저한 하나님의 역사지만 하나님이 이스라엘 백성에게 이런 기적을 베푸신 데는 하나님의 말씀에 순종한 그들의 믿음이 있었습니다. 히브리서 11장 30절의 말씀입니다.

> "믿음으로 칠 일 동안 여리고를 도니 성이 무너졌으며"(히 11:30)

믿음은 하나님의 기적을 만들어냅니다. 믿음 없이는 어떠한 기적도 일어날 수 없습니다. 하나님은 지금도 믿음의 사람을 찾고 계십니다. 우리 한 사람, 한 사람이 믿음의 사람이 되어 각자의 자리에서 하나님의 뜻을 이룰 때 우리나라는 위대한 나라로 변화될 것입니다. 이 땅에 들끓는 모든 이단이 사라질 것입니다. 또 동성애와 동성 결혼을 지지하는 차별금지법과 같은 문제들도 해결될 것입니다. 하나님을 이길 어떤 세력이나 권세는 없습니다. 우리가 하나님이 찾으시는 믿음의 사람이 되어 예수님의 이름으로 모든 흑암의 권세를 물리쳐야 합니다.

여리고 성을 이스라엘 백성들의 시선으로 바라보았을 때는 절망과 두려움이었지만, 하나님의 시선으로 바라보았을 때는 기적의 시작이었습니다. 예수님의 십자가도 마찬가지입니다. 예수님의 십자가는 인간의 눈으로 봤을 때는 절망이고 삶의 끝이었지만, 하나님의 눈으로 봤을 때는 구원 사역의 완성이자 모든 사람에게 복음의 문이 열리는 출발점이었습니다. 예수님의 십자가는 질대 절망을 설대 희망으로 바꿔놓은 위대한 기적의 현장이며 구원의 능력입니다. 그러므로 예수님의 십자가를 붙들고 나아갈 때 구원의 은혜와 놀라운 축복이 임합니다. 십자가 아래에서 영혼이 잘됨같이 범사가 잘되며 강건하게 되고 생명을 얻되 풍성히 얻는 은혜가 임합니다.

평생 두려움과 싸우면서 흑인 인권운동의 새 역사를 쓴 마틴 루터 킹(Martin Luther King Jr.) 목사님을 소개합니다. 그는 애틀랜타 침례교회 목사님의 장남으로 출생하여 보스턴대학교에서 신학박사 학위를 받고 앨라배마주 몽고메리에서 목회 사역을 시작했습니다.

1955년 12월 몽고메리에서 한 흑인 여성이 버스에서 백인 남성에게 자리를 양보하지 않았다는 이유로 체포당하는 일이 일어났습니다. 그 당시 버스에는 백인이 앉는 자리와 흑인이 앉는 자리가 구분되어 있었는데, 한 백인 남성이 백인 자리가 없으니 흑인 자리에 앉은 여인에게 자리를 양보할 것을 요구했습니다. 그러나 그녀가 일어나지 않자 그 일로 체포까지 된 것입니다.

이 소식을 들은 마틴 루터 킹 목사님은 '흑인 인권이 이렇게 무시당하고 짓밟히는 것을 참고 있으면 안 된다. 우리는 하나님 앞에서 공의를 펼쳐나가야겠다.'라고 생각하며 비폭력 저항운동을 시작했습니다. 그는 흑인들이 몽고메리의 모든 버스를 보이콧하는 운동을 펼쳤습니다. "모든 흑인은 오늘부터 버스를 타지 마라. 우리들의 인권이 존중될 때까지, 우리들의 인권이 보장될 때까지 버스를 타지 말라." 그래서 흑인들은 모두 버스를 타지 않고 걸어서 출근했습니다. 이 운동은 미국 전역으로 확산되었습니다. 한 달이 되자 운송회사에서 앞으로 다시는 이런 일이 일어나지 않도록 하겠다며 사과했고, 흑인들은 다시 버스에서 자리에 앉을 수 있게 되었습니다. 하지만 비폭력 운동을 이끈 마틴 루터 킹 목사님에게 다가온 것은 폭력과 협박이었습니다.

"나는 다섯 번이나 체포되어 앨라배마의 감옥에 갔습니다. 내 집은 두 번이나 폭파되었고, 나와 내 가족들이 죽음의 협박을 받지 않은 날이라곤 거의 없었습니다. 나는 칼에 찔려 치명적인 상처를 입기도 했습니다. 때때로 나는 더 이상 참고 견딜 수 없다고 느끼기도 했고, 숨어 지내고 싶은 생각이 간절하기도 했습니다."

1958년 어느 토요일 오후, 마틴 루터 킹 목사님은 할렘의 어느 백화점에서 책 사인회를 하던 도중 가슴이 칼에 찔리는 사고를 당했습니다. 흉기의 날카로운 끝이 대동맥에 닿는 위태로운 상황까지 간 그는 흉부를 완전히 절개하는 수술을 받아야 했습니다. 죽음의 사경을 헤매다 겨우 깨어난 그는 이렇게 고백했습니다.

"목숨이 경각에 달려있는 동안 이상할 정도로 마음이 평온했습니다. 주님이 내 곁에 계셨기 때문입니다. 끊임없는 기도 생활 덕분에 투쟁 과정 내내 주님이 동행하고 계심을 느낄 수 있었습니다. 나와 가족에 대한 공격이 계속되고 있었지만, 주님이 그런 폭력적인 행동을 이겨나갈 수 있는 힘을 주실 것이라고 확신합니다!"

이처럼 자신 안에 있는 두려움을 극복하고 비폭력 인권운동을 계속한 그는 1963년 워싱턴 D.C.의 링컨기념관에서 열린 대행진 중 '나에게는 꿈이 있습니다'라는 기념비적인 명연설을 남겼습니다.

"나에게는 꿈이 있습니다. 나의 네 자녀들이 '피부색'이 아니라 '인격'에 따라 평가받는 그런 나라에 살게 되는 날이 오리라는 꿈입니다. 오늘 나에게는 꿈이 있습니다. '흑인 소년소녀들'이 '백인 소년소녀들'과 손을 잡고 형제자매처럼 함께 걸어갈 수 있는 상황이 되는 꿈입니다. 오늘 나에게는 꿈이 있습니다. 어느 날 모든 계곡이 높이 솟아오르고, 모든 언덕과 산은

낮아지고, 거친 곳은 평평해지고, 굽은 곳은 곧게 펴지고, '하나님의 영광'이 나타나 모든 사람이 함께 그 광경을 지켜보는 꿈입니다!"

그가 펼친 흑인 인권운동은 미국 사회에 큰 영향을 끼쳤고, 그 공로를 인정받아 1964년 노벨 평화상을 받았습니다. 하지만 4년 후인 1968년 4월 4일 그는 멤피스에서 암살당해 세상을 떠나고 말았습니다. 그러나 그의 꿈은 꺾이지 않았습니다. 그가 죽은 지 41년 후인 2008년, 미국 역사상 처음으로 흑인 대통령 버락 오바마가 당선된 것입니다. 오늘날 미국에서는 1월 셋째 주 월요일을 공식 공휴일로 정하고 마틴 루터 킹 목사님의 생일인 1월 15일을 축하하고 있습니다. 미국의 공휴일 중 사람 이름이 들어간 유일한 공휴일이 '마틴 루터 킹 주니어 데이'입니다.

하나님의 위대한 사람이 위대한 역사를 이룬 것입니다. 그의 앞에 인종 차별이라고 하는 난공불락의 여리고가 있었지만, 마틴 루터 킹 목사님은 그것을 무너뜨렸습니다.

마틴 루터 킹 목사님이 마음에 두려움이 다가올 때마다 불렀던 찬양이 '주님여 이 손을'이라는 찬송입니다. 이 찬송은 시카고 침례교 찬양사역자인 토마스 앤드류 돌시(Thomas Andrew Dorsey) 목사님이 작사한 곡입니다. 1932년 8월 부인이 아이를 낳다가 둘 다 죽는 비극을 겪은 돌시 목사님은 절망 중에서 주님을 바라보면 이 찬양을 지었다고 합니다.

주님여 이 손을 꼭 잡고 가소서
약하고 피곤한 이 몸을
폭풍우 흑암 속 헤치사 빛으로
손잡고 날 인도하소서

인생이 힘들고 고난이 겹칠 때
주님여 날 도와주소서
외치는 이 소리 귀기울이시사
손잡고 날 인도하소서

인생을 사는 동안 어떤 여리고를 만난다고 해도 원망이나 불평하지 말고 절대 긍정, 절대 감사의 믿음으로 나아가십시오. 주님의 손을 붙잡고 여리고를 무너뜨리는 하나님의 기적을 체험하게 되기를 바랍니다.

삶 속으로

Q 지금 나에게 두려움을 주는 문제가 있나요? 난공불락의 여리고처럼 느껴지는 문제가 무엇인지 적어봅시다.

_____
_____
_____

Q 나는 마음의 여리고, 인생의 여리고를 믿음으로 극복하고 있나요? 믿음으로 어려운 문제를 이겨낸 경험이 있다면 이야기해봅시다.

_____
_____
_____

1. 내 앞에 놓인 여리고를 두려워하지 말라.
2. 내 힘과 능력으로 여리고를 무너뜨리려고 하지 말라.
3. 하나님을 의지하면 하나님이 여리고를 무너뜨리신다.

> 여호수아처럼
> 살아봅시다!

08

#순종 #불평 #교훈

작은 불순종?

잘못임을 알아도,
'에이, 이 정도는 괜찮아.'라고 생각하며
죄와 타협할 때가 있습니다.

그러나 정말 괜찮은 걸까요?
자기합리화는 아닐까요?

크든 작든 불순종은 결국 불순종입니다.

강하고 담대하라

여호수아가 여리고에서 사람을 벧엘 동쪽 벧아웬 곁에 있는 아이로 보내며 그들에게 말하여 이르되 올라가서 그 땅을 정탐하라 하매 그 사람들이 올라가서 아이를 정탐하고 여호수아에게로 돌아와 그에게 이르되 백성을 다 올라가게 하지 말고 이삼천 명만 올라가서 아이를 치게 하소서 그들은 소수이니 모든 백성을 그리로 보내어 수고롭게 하지 마소서 하므로 백성 중 삼천 명쯤 그리로 올라갔다가 아이 사람 앞에서 도망하니 아이 사람이 그들을 삼십육 명쯤 쳐죽이고 성문 앞에서부터 스바림까지 쫓아가 내려가는 비탈에서 쳤으므로 백성의 마음이 녹아 물 같이 된지라 _ 여호수아 7장 2-5절

온전한 순종에 대하여

아이 성의 교훈

크리스천의 일생에서 가장 중요한 것은 무엇일까요? 하나님을 기쁘시게 하는 삶을 사는 것입니다. 그렇다면 어떻게 해야 하나님을 기쁘시게 할 수 있을까요? 하나님은 우리의 순종을 기뻐하십니다.

이스라엘 백성들은 요단강을 육지처럼 건너고 난공불락의 여리고 성을 무너뜨린 다음 여세를 몰아서 파죽지세로 아이 성을 공격했습니다. 그러나 그들은 그곳에서 생각지도 못했던 패배를 당하게 됩니다. 여호수아와 이스라엘 백성들은 이 패배를 통해 온전한 순종의 중요성을 깨닫게 됩니다.

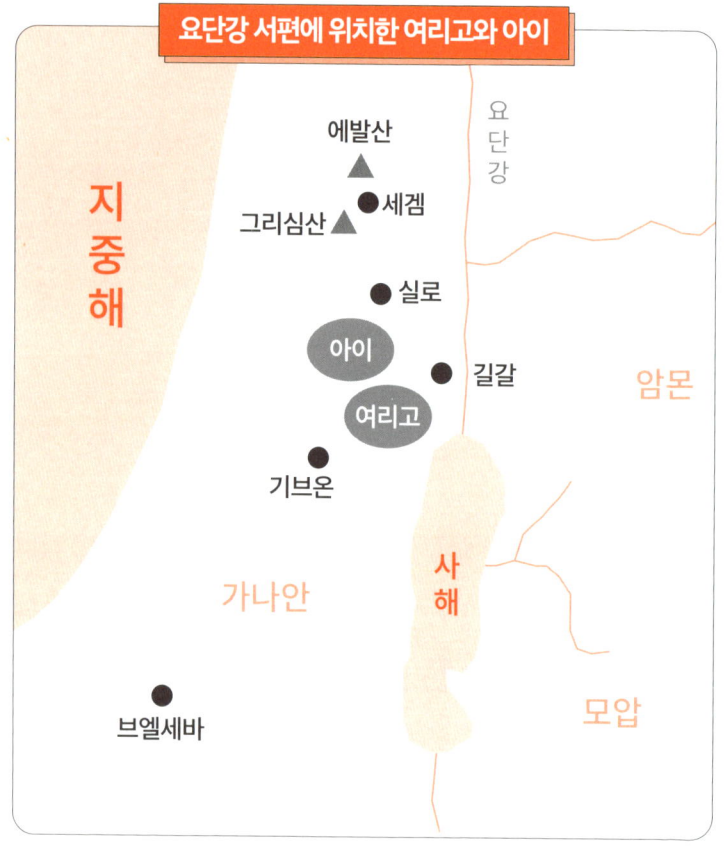

1. 한 사람이 불순종한 결과

아이 성은 여리고 북서쪽으로 약 16km 떨어져 있는 해발 518m 정도 위치한 인구 약 1만 2천 명의 작은 성이었습니다.

크고 견고했던 여리고 성과는 비교도 안될 만큼 작았습니다. 그래서 이스라엘 백성들은 아이 성을 우습게 보고 군사 3천 명 정도만 올려보냈다가 그만 참패했습니다.

"백성 중 삼천 명쯤 그리로 올라갔다가 아이 사람 앞에서 도망하니 아이 사람이 그들을 삼십육 명쯤 쳐죽이고 성문 앞에서부터 스바림까지 쫓아가 내려가는 비탈에서 쳤으므로 백성의 마음이 녹아 물 같이 된지라"(수 7:4-5)

충격적인 패배로 이스라엘 백성들의 마음이 무너졌습니다. 크고 견고한 여리고 성에서 대승을 거두었던 이스라엘이 왜 이 작은 아이 성 전투에서는 패배했을까요? 패배 원인은 한 사람의 불순종 때문이었습니다. 하나님은 이스라엘 백성들이 여리고 성을 점령할 때 성안에 있는 모든 것을 온전히 하나님께 바치라고 명령하셨습니다.

"이 성과 그 가운데에 있는 모든 것은 야훼께 온전히 바치되"(수 6:17)

그런데 이스라엘 백성 중 한 사람, 유다 지파에 속한 아간이 마음에 탐욕이 생겨서 하나님의 명령에 불순종했습니다. 그는 하나님께 온전히 드려져야 할 전리품 중 일부를 훔쳤습니다.

"이스라엘 자손들이 온전히 바친 물건으로 말미암아 범죄하였으니 이는 유다 지파 세라의 증손 삽디의 손자 갈미의 아들 아간이 온전히 바친 물건을 가졌음이라 야훼께서 이스라엘 자손들에게 진노하시니라"(수 7:1)

아간의 죄로 인해 하나님이 진노하셔서 이스라엘이 아이 성 전투에서 크게 패했고 36명의 군사가 죽었습니다. 하나님이 자신들을 가나안까지 인도하셨으니 모든 전쟁에서 승리할 것이라고 믿었던 이스라엘 백성들에게는 큰 충격이었습니다. 그들은 낙심해서 주저앉아버렸습니다.

한 사람의 범죄가 이렇게 큰 영향을 끼치는 것입니다. 아담 한 사람의 범죄로 온 인류에 죄가 들어온 것과 같은 상황입니다.

"그러므로 한 사람으로 말미암아 죄가 세상에 들어오고 죄로 말미암아 사망이 들어왔나니 이와 같이 모든 사람이 죄를 지었으므로 사망이 모든 사람에게 이르렀느니라"(롬 5:12)

아간은 시날 산의 아름다운 외투 한 벌, 은 200세겔(약 2.3㎏)과 금 50세겔(약 570g)을 감추었습니다(수 7:21). 시날은 당시 최대 문명국인 바빌로니아를 말합니다. 아간은 광야에서는 볼 수 없었던 고급 외투와 돈에 눈이 멀었고, 결국 탐심을 이기지 못하여 하나님의 것을 훔치고 말았습니다. 이런 아간의 죄는 개인뿐 아니라 공동체 전체를 고통 가운데로 몰아넣는 원인을 제공했습니다.

"네가 어찌하여 우리를 괴롭게 하였느냐"(수 7:25)

여호수아는 온 이스라엘을 괴롭게 만든 아간을 엄중히 책망했습니다. 그리고 아간과 그의 가족을 아골 골짜기로 끌고 가서 돌로 쳐 죽이고 그의 모든 재산을 불살라 버렸습니다.

이처럼 하나님은 이스라엘 백성들이 가나안에 들어가는 과정에서 저지른 죄에 대해 엄중히 책망하시고 징계하셨습니다. 가나안 땅은 우상숭배가 만연하여 이스라엘 백성들이 죄를 짓고 타락하기 쉬운 곳이었기 때문이었습니다. 작은 죄라고 가볍게 여겨서 방치한다면 결국 이스라엘 전체를 타락시킬 수 있었기에 하나님은 이스라엘이 하나님 백성으로서 거룩함을

유지하도록 죄의 문제를 엄격히 다루셨습니다.

아간은 하나님의 말씀에 불순종했습니다. 마음속에 생겨난 탐심을 이기지 못했습니다. 이는 아간만의 문제가 아닙니다. 우리의 마음속에도 아간과 같은 죄가 있습니다. 그러나 성경은 "너는 죄를 다스릴지니라"(창 4:7)라고 말씀합니다. 원망, 불평, 교만, 불신, 탐욕, 음란 등의 수많은 죄가 마음속에서 꿈틀대고 있지만, 우리는 이러한 죄를 다스려야 합니다. 죄성에 우리를 내주는 것이 아니라, 우리가 죄를 다스려서 죄의 열매를 맺지 못하게 해야 합니다.

그렇기에 죄는 초기에 끊어내야 합니다. 죄는 중독성이 있어서 처음부터 철저히 대적하고 물리쳐야 합니다. 성령의 불로 마음속의 죄를 태우고 죄의 뿌리를 뽑아내야 합니다. 작은 죄일지라도 가볍게 여기지 말고 하나님께 온전히 순종하는 우리가 됩시다.

2. 지도자의 방심

아이 성 전투에서 패한 다른 이유는 지도자 여호수아의 방심과 이스라엘 백성들의 교만이었습니다. 난공불락의 여리고 성을 무너뜨리자 이스라엘 백성들의 마음에 자신감, 나아가 교만이 생겼습니다.

> "여호수아에게로 돌아와 그에게 이르되 백성을 다 올라가게 하지 말고 이삼천 명만 올라가서 아이를 치게 하소서 그들은 소수이니 모든 백성을 그리로 보내어 수고롭게 하지 마소서 하므로"(수 7:3)

여리고 성을 공격할 때 여호수아는 철저히 하나님께 엎드려 기도한 후에 하나님의 음성을 듣고 그 말씀에 순종하여 행동했습니다. 그런데 아이 성을 공격할 때는 "성이 작으니 대군이 올라갈 필요가 없습니다. 2천, 혹은 3천 명만 보내서 성을 점령합시다."라는 정탐꾼의 말만 듣고 군대를 움직였습니다. 여호수아가 아이 성을 공격하기 전에 먼저 하나님께 엎드려 기도했다는 기록이 없습니다.

아무리 작은 일이라도 우리는 먼저 하나님께 기도로 묻고 하나님의 응답을 받은 후에 움직여야 합니다. '하나님을 의지하지 않고 내가 할 수 있다.'라고 생각하면 그 순간부터 이미 패배한 것이나 마찬가지입니다. 특히 칭찬받을 일이 있거나 하는 일이 잘되고 좋은 일이 생겼을 때 우리는 더욱 조심해야 합니다. 모든 것이 하나님의 은혜로 인한 것임을 알고 겸손히 주님 앞에 엎드려야 합니다. 그렇지 않으면 교만이 마음속에 파고들어 우리를 파멸로 이끌어갑니다. 방심과 교만은 서로 긴밀하게 이어져 있음을 기억하시기 바랍니다.

"그런즉 선 줄로 생각하는 자는 넘어질까 조심하라" (고전 10:12)

60년대, 70년대에 하나님은 한국교회에 놀라운 부흥을 허락하셨습니다. 그런데 교회가 부흥하고 삶이 풍요로워지면서 '이제 이만하면 되었다. 이만하면 우리가 잘살게 되었다.'라고 생각하니 간절함이 사라지고 신앙의 열정이 점점 식어갔습니다. 이제는 하나님 없이 스스로 무언가를 이뤄낼 수 있다고 자신하게 된 것입니다. 그 결과 기도의 자리, 예배의 자리를 떠나기 시작했습니다. 교만이 마음속에 들어오자 하나님을 향한 감사가, 하나님으로 인한 기쁨이 줄어들게 된 것입니다.

코로나19로 인한 지난 3년의 혹독한 시련은 어쩌면 하나님이 우리에게 주신 경고일지도 모릅니다. 이제, 다시 일어날 때가 되었습니다. 하나님을 향한 첫사랑을 되찾고 신앙의 열정을 회복해야 합니다. "주여! 우리의 신앙을 회복시켜 주옵소서. 주님의 은혜가 우리에게 임하게 하옵소서!"

3. 회복과 승리

이스라엘 백성들이 아이 성 전투에서 패배하고 낙심하여 주저앉았을 때 여호수아는 하나님 앞에 나왔습니다. 그리고 장로들과 함께 엎드려 기도했습니다.

"여호수아가 옷을 찢고 이스라엘 장로들과 함께 야훼의 궤 앞에서 땅에 엎드려 머리에 티끌을 뒤집어쓰고 저물도록 있다가"(수 7:6)

티끌을 머리에 뒤집어쓰는 것은 회개의 표현입니다. "하나님께 기도하지 않고 우리 힘으로 아이 성을 정복하려다 이렇게 참패했습니다. 우리를 용서해 주옵소서." 여호수아와 장로들이 회개하자 하나님의 음성이 들려왔습니다.

"야훼께서 여호수아에게 이르시되 일어나라 어찌하여 이렇게 엎드렸느냐"(수 7:10)

우리가 어떤 죄를 지었다고 할지라도 눈물로 회개하고 용서를 구하면 하나님의 은혜가 임합니다. 하나님은 절망에 처한 우리에게도 동일하게 말씀하십니다. "일어나라! 이제 더 이상 낙심하지 말고 절망의 자리에서 일어나라!"

여호수아에게 일어나라고 말씀하신 하나님은 그들의 잘못이 무엇인지를 지적해 주셨습니다.

"이스라엘이 범죄하여 내가 그들에게 명령한 나의 언약을 어겼으며 또한 그들이 온전히 바친 물건을 가져가고 도둑질하며 속이고 그것을 그들의 물건들 가운데에 두었느니라"(수 7:11)

하나님은 이처럼 우리가 미처 깨닫지 못했던 죄를 알려주십니다. 회개하고 죄에서 돌이킬 기회를 주시는 것입니다. 그래서 이스라엘 백성들을 거룩하게 하라고 말씀하십니다.

"너는 일어나서 백성을 거룩하게 하여 이르기를 너희는 내일을

위하여 스스로 거룩하게 하라 이스라엘의 하나님 야훼의 말씀
에 이스라엘아 너희 가운데에 온전히 바친 물건이 있나니 너희
가 그 온전히 바친 물건을 너희 가운데에서 제하기까지는 네 원
수들 앞에 능히 맞서지 못하리라"(수 7:13)

이 말씀을 듣고 이스라엘 백성들은 아간과 그의 가족들을
아골 골짜기로 끌고 가서 돌로 쳐 죽이고 그들의 모든 재산을
불태웠습니다. 이를 통해 이스라엘 백성들 가운데 있었던 죄
를 제함으로써 거룩하라는 하나님의 명령을 따랐습니다.

하나님은 오늘 우리에게도 마음속의 죄를 정리하라고 말씀
하십니다. 하나님의 말씀에 불순종하는 갖가지 죄악들을 회개
하라고 말씀하십니다. 회개를 늦춰서는 안 됩니다. 지금, 이 순
간 회개해야 합니다. 그리고 내일을 기다려야 합니다. 회개하
고 하나님께 돌아온 자에게는 축복과 기적의 내일이 다가옵니
다. 하나님의 은혜가 예비된 내일이 밝아오는 것입니다.

"야훼께서 여호수아에게 이르시되 두려워하지 말라 놀라지 말라
군사를 다 거느리고 일어나 아이로 올라가라 보라 내가 아이 왕
과 그의 백성과 그의 성읍과 그의 땅을 다 네 손에 넘겨 주었으니

> 너는 여리고와 그 왕에게 행한 것 같이 아이와 그 왕에게 행하되 오직 거기서 탈취할 물건과 가축은 스스로 가지라"(수 8:1-2)

하나님은 이스라엘 백성들에게 내일의 승리를 약속하셨습니다. 그리고 아이 성 전투에서는 거주민들만 진멸하고 전리품은 가질 수 있게 허락하셨습니다. 더불어 승리할 수 있는 구체적인 전략도 알려주셨습니다. 아이 성 뒤편에 3만 명의 군사를 매복시키고 적들을 성 밖으로 유인한 후에 매복해있던 군사들이 빈 성을 점령하게 한 것입니다(수 8:3-7). 여호수아와 이스라엘 군대는 하나님의 명령에 그대로 순종하여 아이 성을 점령할 수 있었습니다.

이스라엘 백성들이 불순종의 죄로 인해 쓰디쓴 패배를 경험하긴 했지만, 그들이 회개하고 하나님의 명령에 다시 순종했을 때 하나님은 승리를 선물로 주셨습니다. 이처럼 실패는 끝이 아닙니다. 실패 없이 성공하는 사람들은 없습니다. 실패한다고 주저앉으면 아무것도 이룰 수 없습니다. 실패의 자리에서 일어나 다시 하나님께 가야 합니다. 사랑의 하나님은 우리가 잘못하고 실수했어도 회개하고 돌아오면 다시 기회를 주시는 분이십니다.

세계적인 복음 전도자 빌리 그래함 목사님의 아들 프랭클린 그래함 목사님은 청소년 시절에 많은 방황을 했다고 합니다. 고등학생 때 교칙을 위반하며 술과 담배를 가까이했고 오토바이를 타며 위험한 일탈을 즐겼습니다. 대학교에 들어가서는 기숙사의 통금시간을 어겨서 퇴학당하기도 했습니다. 그의 22살 생일에 빌리 그래함 목사님이 그를 불렀습니다. "아들아, 너의 내면에서 심각한 고민과 투쟁이 있는 것을 안다. 네 어머니와 나는 네가 무엇을 하든지 자랑스럽게 여기고 사랑하겠지만, 네 삶에 그리스도를 받아들이는 것은 네가 반드시 선택해야 한다."

그 후 프랭클린 그래함 목사님은 세계 여행 중에 예루살렘의 한 호텔에서 요한복음을 읽다가 "예수께서 대답하여 이르시되 진실로 진실로 네게 이르노니 사람이 거듭나지 아니하면 하나님의 나라를 볼 수 없느니라"(요 3:3)라는 말씀에 은혜를 받고 자기 삶을 그리스도께 드리기로 결단했습니다. 그는 그날의 경험을 이렇게 고백했습니다. "그날부터 내 삶을 하나님께 드리고 싶었다. 나를 용서해 달라고, 깨끗하게 해달라고 간청했다. 주님이 내 삶에 들어와 달라고 믿음으로 요청했다."

방탕하게 살던 그가 예수님을 삶의 주인으로 모신 후 거듭나 새 삶을 살기 시작하자 하나님이 그를 높여주셔서 빌리 그래함 목사님의 후계자가 되게 하셨습니다. 그는 현재 전 세계 170여 개국에서 선교 활동을 벌이는 사마리안 퍼스(Samaritan's Purse)의 책임자로서, 또 빌리그래함전도협회의 회장으로서 온 세계를 다니며 복음을 전하고 있습니다.

혹시라도 하나님께 불순종하고 죄지으며 실패의 삶을 살고 있다면 속히 회개하기를 바랍니다. 하나님께 돌아오십시오. 회복시켜 주실 하나님의 은혜를 기대하며 승리의 내일을 바라보고 믿음으로 전진해 나아가시기를 바랍니다. 다시 믿음으로 일어날 때 위대한 하나님의 역사를 경험하게 될 것입니다.

삶 속으로

Q 하나님은 우리에게 온전한 순종을 요구하십니다. 혹시 작은 일이라고 해서 가볍게 여기고 불순종했던 경험이 있나요?

Q 불순종의 죄를 짓고 하나님께 책망받았다가 회개한 후에 문제가 해결된 적이 있나요?

---

1. 개인의 범죄가 공동체 전체에 피해를 줄 수 있음을 명심하라.
2. 작은 일이라도 하나님께 기도하고 응답받은 후 행하라.
3. 회개하면 용서하시고 회복시켜 주시는 하나님께 나아가라.

09

#전쟁 #기적 #승리

이긴 싸움

크리스천은 날마다 영적 전쟁을 치르며 살아갑니다.
신앙의 위기를 겪을 때도 많습니다.
하나님의 도우심이 없다면 하루도 살아갈 수 없을 것입니다
그런데 하나님이 어디까지 우리를 도우실 수 있을까요?

태양을 멈추는 기적을 통해서라도
승리를 주시는 분이 바로 하나님이십니다.

우리는 주님 안에서 이미 승리자입니다.

강하고
담대하라

야훼께서 그들을 이스라엘 앞에서 패하게 하시므로 여호수아가 그들을 기브온에서 크게 살륙하고 벧호론에 올라가는 비탈에서 추격하여 아세가와 막게다까지 이르니라 그들이 이스라엘 앞에서 도망하여 벧호론의 비탈에서 내려갈 때에 야훼께서 하늘에서 큰 우박 덩이를 아세가에 이르기까지 내리시매 그들이 죽었으니 이스라엘 자손의 칼에 죽은 자보다 우박에 죽은 자가 더 많았더라 야훼께서 아모리 사람을 이스라엘 자손에게 넘겨 주시던 날에 여호수아가 야훼께 아뢰어 이스라엘의 목전에서 이르되 태양아 너는 기브온 위에 머무르라 달아 너도 아얄론 골짜기에서 그리할지어다 하매 태양이 머물고 달이 멈추기를 백성이 그 대적에게 원수를 갚기까지 하였느니라 야살의 책에 태양이 중천에 머물러서 거의 종일토록 속히 내려가지 아니하였다고 기록되지 아니하였느냐 야훼께서 사람의 목소리를 들으신 이같은 날은 전에도 없었고 후에도 없었나니 이는 야훼께서 이스라엘을 위하여 싸우셨음이니라 _ 여호수아 10장 10-14절

영적 싸움에서 이기려면

태양아 멈춰라

하나님은 기적을 행하시는 분입니다. 그리고 하나님의 기적은 우리의 생각과 기대를 넘어섭니다. 성경은 처음부터 끝까지 하나님의 기적으로 뒤덮여 있고, 우리는 성경에 기록된 이 같은 기적의 사건들이 우리의 삶 속에서도 일어날 수 있음을 믿습니다. 이러한 믿음이 없다면 우리의 삶은 인간적인 한계에 갇히고 말 것입니다.

여호수아서 10장은 이스라엘이 가나안 연합군과 전쟁하는 이야기입니다. 이곳에도 하나님의 놀라운 기적이 기록되어 있습니다.

1. 가나안 지역 연합군의 공격

여호수아가 이스라엘 백성과 함께 요단을 건넌 후 여리고 성과 아이 성을 차례로 무너뜨렸습니다. 하나님이 함께하시는 이스라엘에 대한 소문은 가나안 거주민들의 마음에 두려움을 심어주었습니다.

가나안의 기브온 족속도 마찬가지였습니다. 이스라엘 백성에게 멸망당할 위기에 빠진 그들은 한 가지 계책을 세웠습니다. 그리고 먼 곳에서 온 사람들처럼 낡은 옷을 입고 곰팡이가 난 떡을 가지고 여호수아를 찾아갔습니다. "우리는 먼 곳에서 왔습니다. 우리와 평화조약을 맺읍시다. 그러면 뭐든지 당신들이 시키는 대로 하겠습니다."

여호수아는 그들의 행색만 보고 그 말을 곧이곧대로 믿었습니다. 그렇게 평화조약을 맺었는데 며칠이 지난 후 거짓임이 밝혀졌습니다. 그러나 이미 조약을 맺었기에 기브온 사람들을 죽이지 못하고 대신 종으로 삼아서 이스라엘 백성들을 위해 나무를 패고 물 긷는 일을 하게 했습니다.

이스라엘과 기브온 족속이 조약을 맺었다는 소식을 들은 예루살렘 왕 아도니세덱은 위협을 느꼈습니다. 그리고 주변 다섯 도시 국가의 왕들에게 연합군을 만들어서 이스라엘과 화친을 맺은 기브온을 공격하자고 제안했습니다.

> "예루살렘 왕 아도니세덱이 헤브론 왕 호함과 야르뭇 왕 비람과 라기스 왕 야비아와 에글론 왕 드빌에게 보내어 이르되 내게로 올라와 나를 도우라 우리가 기브온을 치자 이는 기브온이 여호수아와 이스라엘 자손과 더불어 화친하였음이니라 하매 아모리 족속의 다섯 왕들 곧 예루살렘 왕과 헤브론 왕과 야르뭇 왕과 라기스 왕과 에글론 왕이 함께 모여 자기들의 모든 군대를 거느리고 올라와 기브온에 대진하고 싸우니라"(수 10:3-5)

가나안 남부에 거하는 아모리 족속의 다섯 도시 예루살렘, 헤브론, 야르뭇, 라기스, 에글론의 왕들이 동맹을 맺고 기브온을 치러 올라왔습니다. 위기에 처한 기브온 족속은 즉시 여호수아에게 사람을 보내어 도움을 요청했습니다. 여호수아는 전 군사를 이끌고 기브온으로 향했습니다. 그러나 가나안 연합군을 상대로 싸우는 것은 쉬운 일이 아닙니다. 두려움을 느꼈을 여호수아에게 하나님은 다음과 같이 말씀하시며 용기를 북돋아 주셨습니다.

"그 때에 야훼께서 여호수아에게 이르시되 그들을 두려워하지 말라 내가 그들을 네 손에 넘겨 주었으니 그들 중에서 한 사람도 너를 당할 자 없으리라 하신지라"(수 10:8)

때때로 우리에게도 가나안 연합군과 같은 위험과 고난이 갑작스럽게 다가오기도 합니다. 갑자기 몸이 아프고 사업이 곤두박질하며 자녀가 문제를 일으키고 마음속 깊은 상처로 인해 우울증에 빠지는 등 다양한 문제들이 몰려들 때가 있습니다.

그러나 어떤 문제와 어려움이 다가와도 낙심하거나 절망하지 마십시오. 두려워하지 마십시오. 문제의 해결자 되시는 하나님을 바라보십시오.

하나님은 여호수아에게 하셨던 말씀을 오늘날 우리에게도 똑같이 하십니다. "두려워하지 말라. 너를 당할 자 없으리라." 혹시 삶의 문제에 둘러싸여 있습니까? 너무도 많은 문제가 한꺼번에 봇물 터지듯이 흘러나와 나를 휩쓸어가려고 합니까? 그럴 때 하나님이 여호수아에게 하신 말씀을 기억하시기 바랍니다.

2. 승리케 하시는 하나님

하나님의 말씀을 듣고 담대함을 얻은 여호수아는 밤새도록 행군하여 기브온에 다다랐습니다.

"여호수아가 길갈에서 밤새도록 올라가 갑자기 그들에게 이르니"(수 10:9)

기브온은 해발 1,800m가 되는 산악지대에 위치하며 길갈에서 기브온까지의 거리는 약 35km였습니다. 이스라엘 군사들은 밤새 그 험한 산길을 올라가서 가나안 연합군을 기습 공격했습니다. 가나안 연합군은 이스라엘 군사가 갑자기 나타나자 크게 당황했습니다.

인생의 긴 절망의 밤을 지날 때 아무도 우리를 돕지 않는 듯 여겨지는 순간이 있습니다. 절망과 외로움이 우리를 지배하여 낙심하게 하는 순간도 있습니다. 그러나 우리가 간절히 주님께 부르짖어 기도하면 가나안 연합군 앞에 나타난 이스라엘 군대처럼 하나님의 도우심이 우리에게 임합니다.

기브온 입장에서는 이스라엘 군대가 갑자기 나타나 도와준 것 같지만, 엄밀히 말하면 이스라엘 군대는 이미 움직이고 있었습니다. 마찬가지로 우리가 기도할 때도 비록 우리 눈에 보이지는 않으나 기브온을 돕기 위해 밤새 이동한 이스라엘 군사처럼 하나님의 응답은 이미 오고 있습니다. 하나님의 때에, 가장 적절한 때에 하나님의 응답이 우리에게 도달할 것입니다.

그러므로 우리의 기도가 지금 당장 응답받지 못하더라도 좌절하면 안 됩니다. 믿음이 흔들려서는 안 됩니다. 하나님은 하나님의 자녀들을 절대 홀로 두지 않으시고 떠나지도 않으십니다. 신실하신 하나님의 말씀을 붙잡고 기도하면 하나님이 가장 적절한 때에 가장 필요한 은혜를 우리에게 베풀어주실 것입니다.

이스라엘과 가나안 연합군의 전쟁이 시작되자 하나님이 이스라엘을 위해 싸우셨습니다.

"야훼께서 그들을 이스라엘 앞에서 패하게 하시므로 여호수아가 그들을 기브온에서 크게 살륙하고 벧호론에 올라가는 비탈에서 추격하여 아세가와 막게다까지 이르니라"(수 10:10)

우리는 주님 안에서 이미 승리했습니다. 인생에서 마주하는 수많은 싸움에서 이미 승리했습니다. 예수님이 2천 년 전에 십자가에서 이미 모든 죄와 사망의 권세를 이기셨기 때문입니다.

"세상에서는 너희가 환난을 당하나 담대하라 내가 세상을 이기었노라"(요 16:33)

우리는 이긴 싸움을 하고 있는 것입니다. 그러므로 담대해야 합니다. 절망의 상황에 있다고 할지라도 낙심하지 말아야 합니다. 가슴을 펴고 믿음으로 당당하게 나아가면 반드시 우리에게 승리가 다가오게 될 것입니다.

한 걸음 더 나아가 하나님은 도망가는 가나안 연합군에게 우박을 내리셨습니다. 이에 성경은 칼에 죽은 자보다 우박에 죽은 자가 더 많다고 말씀합니다.

"그들이 이스라엘 앞에서 도망하여 벧호론의 비탈에서 내려갈 때에 야훼께서 하늘에서 큰 우박 덩이를 아세가에 이르기까지 내리시매 그들이 죽었으니 이스라엘 자손의 칼에 죽은 자보다 우박에 죽은 자가 더 많았더라"(수 10:11)

이처럼 하나님은 이스라엘과 가나안 연합군의 전쟁에 직접 개입하셔서 이 전쟁이 하나님께 속한 것임을, 그리고 전쟁의 승패가 하나님께 있음을 분명하게 보여주셨습니다.

　좋으신 하나님은 우리에게 복 주기를 원하시고 우리가 잘되기를 원하십니다. 우리에게 날마다 필요한 모든 것을 채워주시고 기적을 베풀어주시길 원하십니다. 대적을 만났을 때 우리가 승리할 수 있도록 도와주십니다. 그래서 우리는 하나님과 함께하는 삶을 살아야 합니다. 하나님과 함께하기만 하면 어떤 상황에서 어떤 대적을 만나도 넉넉히 이길 수 있습니다.

　우리는 종종 절망의 시선으로 세상과 자신을 바라봅니다. 깊은 침체 속에서 아무것도 하지 못하는 무능한 자신을 발견하고 소망과 기대감을 다 내려놓고 싶을 때가 있습니다. 그러나 이것은 하나님이 기뻐하시는 생각이 아닙니다. 우리는 어떤 상황에서도 꿈을 잃어서는 안 됩니다. 마음속에 희망을 품고 낙천적이고 긍정적인 생각을 가져야 합니다. 인생에 대한 우울한 전망이 우리를 지배하려고 할 때 그것이 우리를 죽이고 멸망시키려는 마귀의 궤계임을 깨닫고 그런 생각들과 싸워야 합니다.

하나님은 우리가 절대 긍정, 절대 감사의 믿음으로 살아가기를 원하십니다. 코로나19로 인한 경제적인 어려움, 국내외적으로 산적해 있는 수많은 문제, 아직 북한에서 고통받는 우리 동포들의 문제, 우크라이나의 전쟁과 튀르키예 지진으로 인한 문제 등 헤아릴 수 없는 많은 문제가 우리 앞에 있지만 그것으로 인해 절망해서는 안 됩니다. 오직 합력하여 선을 이루시는 하나님이 문제를 해결해주실 것을 믿고 기도해야 합니다. 그러할 때 반드시 기적이 일어나게 될 것입니다.

3. 믿음으로 선포하라

신앙생활을 할 때 중요한 것은 문제 앞에서 주눅 들지 말고 믿음으로 선포하는 것입니다. 하나님이 이스라엘 군사들을 도우셔서 승리하게 하시려는데, 해가 점점 저물어 어두워지기 시작했습니다. 적군을 다 섬멸하기 전에 어두워지면 그들이 광야나 동굴에 숨어있다가 재정비하여 반격할 기회를 주는 것이기 때문에 여호수아의 마음이 다급해졌습니다. 이때 여호수아가 위대한 믿음의 선포를 했습니다.

"야훼께서 아모리 사람을 이스라엘 자손에게 넘겨 주시던 날에 여호수아가 야훼께 아뢰어 이스라엘의 목전에서 이르되 태양아 너는 기브온 위에 머무르라 달아 너도 아얄론 골짜기에서 그리할지어다 하매"(수 10:12)

여호수아가 담대히 하나님 앞에 외쳤습니다. "태양아 머무르라! 달아 너도 머무르라!" 그 순간 태양과 달이 멈춰 섰습니다. 날은 더 이상 어두워지지 않았고 이스라엘 군사들은 가나안 연합군을 완전히 멸할 수 있었습니다.

"태양이 머물고 달이 멈추기를 백성이 그 대적에게 원수를 갚기까지 하였느니라 야살의 책에 태양이 중천에 머물러서 거의 종일토록 속히 내려가지 아니하였다고 기록되지 아니하였느냐 야훼께서 사람의 목소리를 들으신 이같은 날은 전에도 없었고 후에도 없었나니 이는 야훼께서 이스라엘을 위하여 싸우셨음이니라"(수 10:13-14)

여호수아의 믿음의 선포가 기적을 불러온 것입니다. 이런 기적은 이전에도 없었고 이후에도 없었다고 성경은 말씀합니다(수 10:14).

우리가 믿음으로 선포하면 하나님이 우리의 삶 가운데 기적을 베풀어주십니다. 그러므로 우리는 절대 긍정의 믿음으로 잘 될 것을 선포해야 합니다. "절망은 떠나가라! 문제는 떠나가라! 우리에게는 찬란한 내일이 기다리고 있다! 믿음으로 나아가자!" 이렇게 믿음으로 외치며 전진, 또 전진해 나가야 합니다.

미국의 엘리베이션 교회(Elevation Church)는 초고속성장을 이룬 교회로 유명합니다. 그 교회의 담임 목사인 스티븐 퍼틱(Steven Furtick)은 16살에 대도시에 교회를 세워서 사람들을 변화시키라는 하나님의 부르심을 받았습니다. 2006년, 그가 26살이 되었을 때 노스캐롤라이나주의 샬럿이라는 도시로 가서 일곱 가정과 함께 교회를 세웠는데 불과 4년 만에 출석 교인 6천 명이 넘는 교회가 되었습니다. 그는 교회 부흥의 비결이 선포하는 메시지와 기도에 있었다고 말합니다. "선포 기도란 불가능해 보이는 문제나 목표에 대해 하나님의 초자연적인 개입을 요청하는 담대한 기도이다. 선포 기도를 드릴 때 단순히 당신의 삶만 변하는 것이 아니라 하나님 역사의 한복판으로 들어가게 된다."

스티븐 퍼틱은 선포 기도의 5단계를 다음과 같이 설명합니다.

1단계 하나님의 말씀에 "예!"라고 대답하라
2단계 하나님의 능력에 의지하여 담대히 요청하라
3단계 인간의 힘으로는 불가능한 일을 구체적으로 구하라
4단계 응답을 기다리며 최선을 다해 행동하라
5단계 응답하신 하나님께 모든 영광을 돌려라

우리가 하나님의 말씀에 순종하고 하나님의 능력에 의지하여 담대히 믿음으로 선포한다면 하나님이 그 일을 이루실 것입니다. 그러므로 절대 포기하거나 낙심하지 마십시오. 깊은 밤이 지나면 반드시 새벽이 밝아온다는 것을 기억하시기를 바랍니다.

삶 속으로

Q 갑작스러운 어려움을 만났을 때 하나님께 기도해도 별다른 응답이 없는 것 같지만, 어느 날 갑자기 문제가 해결된 경험이 있나요? 그때의 경험을 적어봅시다.

Q 자신의 능력으로 이루기 불가능할 것 같은 일들에 대해 믿음으로 선포하여 이룬 경험이 있다면 나눠봅시다.

요약

1. 수많은 문제가 한꺼번에 몰려와도 두려워하지 말고 하나님만 의지하라.
2. 우리가 기도할 때 하나님은 이미 응답하고 계신다.
3. 하나님의 영광을 위한 믿음의 선포는 기적을 불러온다.

> 여호수아처럼
> 살아봅시다!

10

#충성 #도전 #성공

포기하는 인생 vs. 도전하는 인생

편하게만 살고 싶다면 포기해도 됩니다.
꿈이 없다면 포기해도 됩니다.
그러나 한 번 사는 인생,
성공적인 인생을 살고 싶다면 도전하십시오.

도전하는 자만이 성취의 열매를 얻을 수 있습니다.

강하고 담대하라

내 나이 사십 세에 야훼의 종 모세가 가데스 바네아에서 나를 보내어 이 땅을 정탐하게 하였으므로 내가 성실한 마음으로 그에게 보고하였고 나와 함께 올라갔던 내 형제들은 백성의 간담을 녹게 하였으나 나는 내 하나님 야훼께 충성하였으므로 그 날에 모세가 맹세하여 이르되 네가 내 하나님 야훼께 충성하였은즉 네 발로 밟는 땅은 영원히 너와 네 자손의 기업이 되리라 하였나이다 _ 여호수아 14장 7-9절

포기하고 싶은 마음이 들 때

도전과 성취

　인생을 살다 보면 크고 작은 도전이 거센 파도처럼 밀려옵니다. 파도에 맞서는 것이 때로는 너무 힘이 듭니다. 포기하고 싶은 마음이 듭니다. 그러나 우리는 어떤 도전 앞에서도 포기하면 안 됩니다. 믿음의 전진을 멈추면 안 됩니다. 도전하는 자만이 성취의 기쁨을 누릴 수 있습니다. 하나님이 주시는 거룩한 꿈을 꾸며 믿음으로 도전할 때 위대한 역사가 우리 앞에 펼쳐지게 될 것입니다.

1. 하나님께 충성하라

하나님의 백성으로서 하나님의 뜻을 이루기 위해 갖추어야 할 중요한 덕목은 충성입니다. 이러한 충성을 잘 보여준 인물이 바로 갈렙입니다. 그는 하나님 앞에 충성된 일꾼이었습니다. 하나님을 향한 갈렙의 충성은 여호수아서 14장 7-8절에 기록된 그의 고백 속에 잘 나타나 있습니다.

> "내 나이 사십 세에 야훼의 종 모세가 가데스 바네아에서 나를 보내어 이 땅을 정탐하게 하였으므로 내가 성실한 마음으로 그에게 보고하였고 나와 함께 올라갔던 내 형제들은 백성의 간담을 녹게 하였으나 나는 내 하나님 야훼께 충성하였으므로"
>
> (수 14:7-8)

갈렙은 "나는 내 하나님 야훼께 충성"했다고 고백했습니다. 갈렙이 충성을 바친 대상은 다른 누구도 아닌 '그의 하나님'이었습니다. 이 세상을 살아가는 동안 우리는 갈렙처럼 하나님께 충성해야 합니다. 사람이 아닌 하나님께, 바로 '나의 하나님께' 충성해야 합니다.

사람은 변합니다. 사람은 완전하지 않습니다. 그러나 하나님은 절대 변하지 않으십니다. 하나님은 변함없이 참으로 좋으시고 위대하시고 전지전능하신 분이십니다. 그렇기에 우리는 변하는 사람에게 충성하지 말고, 변하지 않는 하나님께 충성해야 합니다.

모세가 가데스 바네아에서 열두 명의 정탐꾼을 가나안 땅에 보내어 40일 동안 정탐하게 했습니다. 이때 여호수아와 갈렙도 그 정탐꾼들 속에 포함되어 있었습니다. 40일 후 정탐꾼들이 돌아와서 가나안 땅에 대해 보고했는데, 여호수아와 갈렙을 제외한 10명의 정탐꾼이 모두 부정적인 이야기를 했습니다.

> "이스라엘 자손 앞에서 그 정탐한 땅을 악평하여 이르되 우리가 두루 다니며 정탐한 땅은 그 거주민을 삼키는 땅이요 거기서 본 모든 백성은 신장이 장대한 자들이며 거기서 네피림 후손인 아낙 자손의 거인들을 보았나니 우리는 스스로 보기에도 메뚜기 같으니 그들이 보기에도 그와 같았을 것이니라"(민 13:32-33)

사실 가나안 땅에는 좋은 것이 많았습니다. 그곳에는 하나님의 은혜와 축복이 예비되어 있었습니다. 그러나 10명의 정탐꾼은 하나님의 축복 대신 다른 것을 바라보았습니다. 그들은 가나안 땅에 거하는 아낙 자손들을 바라보고 거인 같은 그들의 모습에 두려움을 느꼈습니다. 그래서 "그 땅은 우리를 삼키는 땅이고, 우리는 그들 앞에 메뚜기에 불과합니다."라고 말한 것입니다. 이 같은 부정적인 보고를 들은 이스라엘 백성들은 밤새 통곡하며 하나님 앞에 원망과 불평을 쏟아냈습니다.

똑같은 상황에서 무엇을 보느냐에 따라서 상황이 달라집니다. 문제가 다가왔을 때 믿음의 눈으로 바라보면 문제 너머에 예비된 하나님의 축복을 볼 수 있지만, 인간적인 눈으로 바라보면 문제만 더 크게 보입니다. 문제가 크게 보이면 이스라엘 백성들처럼 결국 두려움과 절망에 빠지게 되는 것입니다. 그러나 믿음의 사람 여호수아와 갈렙은 10명의 정탐꾼과 달랐습니다. 이들은 하나님 앞에 충성된 마음을 갖고 있었기에 믿음의 눈으로 가나안 땅을 바라보고 긍정적인 보고를 했습니다.

> "야훼께서 우리를 기뻐하시면 우리를 그 땅으로 인도하여 들이시고 그 땅을 우리에게 주시리라 이는 과연 젖과 꿀이 흐르는 땅이니라"(민 14:8)

특히 갈렙은 우리에게 본받을만한 믿음의 모범을 보여줍니다. 그가 가나안 땅을 정탐할 때의 나이가 40세였습니다. 훗날 광야 생활을 마치고 가나안 정복을 앞두고 있었을 때 그는 85세가 되었습니다. 그러나 그의 믿음만은 변함이 없었습니다. 그는 40세나 85세나 변함없이 하나님께 충성된 모습을 보였습니다.

"이제 보소서 야훼께서 이 말씀을 모세에게 이르신 때로부터 이스라엘이 광야에서 방황한 이 사십오 년 동안을 야훼께서 말씀하신 대로 나를 생존하게 하셨나이다 오늘 내가 팔십오 세로되 모세가 나를 보내던 날과 같이 오늘도 내가 여전히 강건하니 내 힘이 그 때나 지금이나 같아서 싸움에나 출입에 감당할 수 있으니"(수 14:10-11)

어떤 상황에서도 일편단심 하나님만 믿고 의지한 갈렙의 신앙을 우리는 본받아야 합니다. 하나님께 쓰임 받은 사람들은 갈렙처럼 모두 하나님께 충성된 자였습니다. 하나님이 하나님의 사람에게 요구하시는 것이 바로 충성입니다. 고린도전서 4장 2절은 말씀합니다.

"맡은 자들에게 구할 것은 충성이니라"(고전 4:2)

우리는 하나님께 충성하는 사람이 되어야 합니다. 사람의 눈치를 보지 말고 하나님 앞에 당당히 설 수 있어야 합니다. 오직 하나님의 뜻이 어디에 있는가를 살피고 하나님 앞에 충성 헌신하는 우리가 되어야 합니다. 사도 바울은 갈라디아서에서 자신의 충성을 다음과 같이 고백했습니다.

"이제 내가 사람들에게 좋게 하랴 하나님께 좋게 하랴 사람들에게 기쁨을 구하랴 내가 지금까지 사람들의 기쁨을 구하였다면 그리스도의 종이 아니니라"(갈 1:10)

사람들은 권력자 앞에서 약해집니다. 권력자에게 잘 보이려고 줄을 대고 그에게서 어떤 도움이라도 받길 원합니다. 그러나 한때 권력을 가진 사람에게 충성하다가 그 사람이 잘못되면 그와 함께 무너지는 일들이 빈번하게 일어납니다.

변하는 사람을 바라보지 말고, 변하는 권력을 의지하지 말고, 변하지 않으시는 하나님, 영원토록 위대하신 하나님만을 의지합시다. 우리는 사람의 종이 아닌 그리스도의 종입니다. 그러므로 바울의 고백처럼, 사람에게 좋게 하는 것이 아니라 하나님께 좋게 해야 하고, 사람의 기쁨이 아니라 하나님의 기쁨을 구해야 합니다.

하나님 앞에 성실과 정직과 근면으로 우리의 최선을 드릴 때 하나님이 우리에게 성공이라는 선물을 주실 것입니다. 우리 앞에 열린 문의 복을 주시고 모든 일이 형통케 하실 것입니다. 이 세상을 살아가는 동안 하나님께 충성하여 하나님의 복을 받는 인생을 살게 되시길 바랍니다.

2. 말씀 위에 굳게 서라

하나님께 충성된 자라면 무엇보다 하나님의 말씀 위에 굳건히 서서 말씀을 지켜 행해야 합니다. 하나님 앞에 충성하기 위해서는 늘 하나님의 음성에 귀를 기울여야 하기 때문입니다. 충성은 마음을 다하여 따르는 것입니다. 그런데 하나님의 말씀에 순종하지 않으면서 어떻게 하나님께 충성된 자라고 말할 수 있겠습니까!

갈렙은 하나님께서 주신 말씀을 마음 판에 새기고 그 말씀을 붙들었습니다.

"그 날에 모세가 맹세하여 이르되 네가 내 하나님 야훼께 충성하였은즉 네 발로 밟는 땅은 영원히 너와 네 자손의 기업이 되리라 하였나이다"(수 14:9)

갈렙은 40세에 모세를 통해서 주신 하나님의 약속을 85세가 될 때까지 붙들었습니다. 무려 45년 동안 약속의 말씀을 마음속에 간직하고 '주여, 이 말씀이 이루어질 줄 믿습니다. 믿습니다. 믿습니다.' 하며 기도해온 것입니다. 갈렙이 하나님의 말씀을 이처럼 굳건히 믿었기에 85세의 나이가 되었을 때 그 꿈을 이루게 된 것입니다. 여호수아 14장 10절의 말씀입니다.

"이제 보소서 야훼께서 이 말씀을 모세에게 이르신 때로부터 이스라엘이 광야에서 방황한 이 사십오 년 동안을 야훼께서 말씀하신 대로 나를 생존하게 하셨나이다 오늘 내가 팔십오 세로되"(수 14:10)

하나님이 갈렙을 85세까지 건강하게 생존하게 하신 것은 약속의 말씀을 이루기 위해서였습니다. 갈렙은 하나님이 자신의 인생을 인도하셨다는 사실을 믿었습니다. 그래서 "45년 전에 주신 말씀을 내가 지금도 간직하고 있습니다. 그 말씀이 이루어질 줄 믿습니다."라고 고백한 것입니다. 갈렙의 고백 가운데 핵심이 바로 "야훼께서 말씀하신 대로"라는 표현입니다. 하나님의 말씀이 반드시 이루어진다는 확고한 믿음이 갈렙에게 있었습니다.

갈렙은 45년을 하나님이 주신 약속의 말씀만 붙들고 믿음으로 달려왔습니다. 우리도 갈렙처럼 일생을 살아가는 동안 환경을 바라보지 말고, 사람을 바라보지 말고, 하나님만 바라보며 하나님의 말씀을 붙잡고 살아야 합니다. 말씀을 붙잡고 의지하고 나아갈 때 하나님이 우리에게 은혜를 부어주시는 것입니다.

신앙은 막연한 것을 붙잡는 것이 아닙니다. 하나님의 말씀을 붙잡고 믿음으로 나아가는 것입니다. 철저히 하나님 말씀 위에 서 있을 때 꿈이 이루어지고 기적이 일어나는 것입니다. 환경과 여건에 아무 변화가 없고, 아니 오히려 더 어렵게 된 것 같이 보여도 우리의 꿈이 변하지 않고 우리가 믿음을 가지고 있는 한 꿈은 반드시 이루어지게 되는 것입니다.

우리나라에 코로나가 처음 발병한 2020년 이후부터 3년 동안 우리는 너무 힘들고 어려운 시간을 보냈습니다. 코로나19

로 인해 일상이 멈춰버렸습니다. 경제가 어려워지고, 무엇보다 영세 소상인들의 상황이 심각해서 가게 문을 닫는 곳이 많았습니다. 그럼에도 우리는 믿음으로 이겨냈습니다. 밤이 깊으면 새벽은 밝아오는 것입니다. 겨울이 길면 따뜻한 봄은 곧 다가오는 것입니다. 이제 고난의 겨울이 지나갔습니다. 긴 밤이 지나갔습니다. 꿈꾸는 것을 포기하지 말고 하나님의 말씀을 붙잡고 나아가면 반드시 희망의 봄이, 축복의 새벽이 밝아오게 될 것입니다.

꿈꾸는 사람은 잘될 수밖에 없습니다. 하나님이 꿈꾸는 사람에게 약속의 말씀을 주시고 이를 이루시기 때문입니다. 마태복음 5장 18절에서 예수님이 말씀하셨습니다.

"진실로 너희에게 이르노니 천지가 없어지기 전에는 율법의 일점 일획도 결코 없어지지 아니하고 다 이루리라"(마 5:18)

"풀은 마르고 꽃은 시드나 우리 하나님의 말씀은 영원히 서리라 하라"(사 40:8)

하나님의 약속은 반드시 이루어집니다. 약속의 말씀을 붙들고 말씀 위에 굳건히 서서 믿음으로 전진합시다. 그러할 때 위대한 하나님의 역사가 우리의 삶 가운데 펼쳐지게 될 것입니다.

꿈도 없이 목적도 없이 방향도 없이 살아가는 인생처럼 불행한 인생이 없습니다. 병상에 누워있어도 건강한 모습을 꿈꾸며 바라보면 하나님이 일으켜 주십니다. 어떤 어려움과 문제가 다가와도 꿈을 버리면 안 됩니다.

1960년대 70년대 얼마나 힘들고 어려운 시절을 보냈는지 모릅니다. 그러나 우리는 꿈을 꿨습니다. 주님 안에서 잘될 수 있다는 꿈, 하나님이 복을 주신다는 꿈을 꾸고 믿음으로 고백했습니다. 그 결과 고난의 터널을 지나고 하나님의 축복을 받아 세계 10대 경제 대국이 되었습니다. 일천이백만 크리스천들이 꿈꾸고 믿고 기도했기에 오늘날과 같은 번영을 누리게 된 것입니다. 모든 것이 하나님의 은혜입니다.

3. 믿음으로 말씀을 성취하라

마지막으로 우리는 말씀을 성취하는 데까지 나아가야 합니다. 갈렙은 '하나님이 말씀하신 대로' 행동하는 사람이었습니다.

"그 날에 야훼께서 말씀하신 이 산지를 지금 내게 주소서 당신도 그 날에 들으셨거니와 그 곳에는 아낙 사람이 있고 그 성읍들은 크고 견고할지라도 야훼께서 나와 함께 하시면 내가 야훼께서 말씀하신 대로 그들을 쫓아내리이다 하니"(수 14:12)

갈렙은 45년 동안 꿈을 가지고 목표를 향해 달려왔습니다. 그 길에 어떤 난관을 만난다고 해도 그의 걸음을 막을 수 없었습니다. 갈렙이 "이 산지를 지금 내게 주소서"라고 말했는데, 이 산지는 헤브론 산지를 가리킵니다. 헤브론 산지는 예루살렘에서 남서쪽으로 32km 정도 떨어져 있고, 해발 약 1,000m 높이에 있는 난공불락의 요새였습니다. 더욱이 이곳에는 싸움에 능한 아낙 자손들이 살고 있었습니다. 45년 전 모세가 보냈던 12명의 정탐꾼 중 10명은 그곳에 사는 거대한 아낙 자손을 보고 돌아와서 스스로 메뚜기 같다고 고백했으며, 가나안 정복은 불가능하다고 생각했었습니다. 그러나 갈렙은 그때도, 지금도 불가능 속에서 가능성을 바라보았습니다.

갈렙은 85세라는 나이의 한계, 그리고 아낙 자손과 견고한

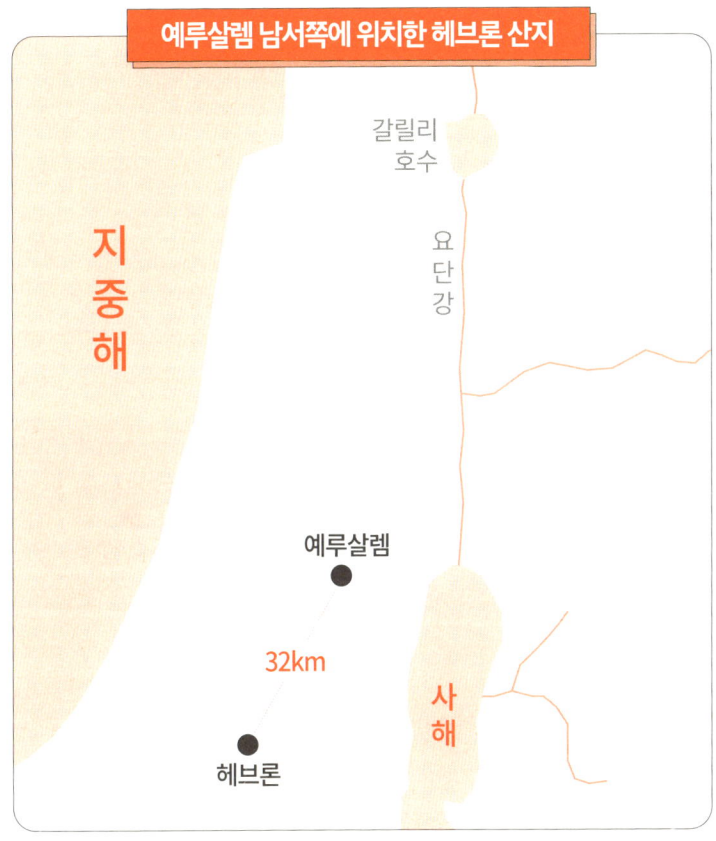

성읍이라는 난관을 뛰어넘었습니다. 꿈에 사로잡혀 있으니 문제가 보이지 않았습니다. 그래서 '내가 능히 그 꿈을 이룰 수 있을 줄 믿습니다. 내가 저 산을 정복할 수 있을 줄 믿습니다.'라고 고백한 것입니다.

"모세가 나를 보내던 날과 같이 오늘도 내가 여전히 강건하니 내 힘이 그 때나 지금이나 같아서 싸움에나 출입에 감당할 수 있으니"(수 14:11)

갈렙은 결국 믿음대로 헤브론 산지를 정복했습니다. 그가 품었던 꿈이 이루어진 것입니다. 꿈은 하나님의 기적을 이루어내는 믿음의 씨앗입니다. 우리 앞에 헤브론 산지와 같은 장애물이 있고, 아낙 자손과 같은 거대한 문제들이 가로막고 있다고 할지라도 두려워하지 마십시오. 믿음으로 전진하여 문제의 산을 정복하고 아낙 자손을 무너뜨림으로써 위대한 하나님의 역사를 이루는 우리가 되어야 합니다.

꿈꾸는 사람에게 불가능은 없습니다. 그 어떤 것도 꿈꾸는 사람을 당할 수 없습니다. 꿈이 없는 사람은 인생을 포기하고 그저 쳇바퀴 돌 듯 하루하루를 살아가지만, 꿈꾸는 사람은 내일을 바라보며 날마다 나아지는 삶을 살기 때문입니다. 그리고 이 같은 사람이 하나님 앞에 귀하게 쓰임 받게 되는 것입니다.

올해로 104세이신 김형석 교수님이 제일 많이 듣는 질문 중 하나가 장수의 비결에 관한 질문이라고 합니다. 이 질문을 받을 때 교수님은 "장수의 비결은 마음의 행복에 있어요. 늘 행복한 마음 갖고 살아가기를 바랍니다. 그런데 그 행복한 마음의 복은 예수님께로부터 옵니다."라고 대답합니다.

더욱 흥미로운 점은 교수님에게 꿈이 하나 있는데, 취학 통지서를 받는 것이라고 합니다. 우리나라의 전산 시스템이 나이를 두 자리밖에 인식을 못 합니다. 101세가 되었을 때 제주도행 비행기표 끊으려고 했더니 한 살로 인식되어 아예 99세로 나이를 바꿔 비행기표를 끊었다고 합니다. 그러니까 지금 104세니까 전산상으로는 네 살입니다. 우리나라에 106세의 할머니가 있었는데, 전산상 여섯 살로 인식되어 취학 통지서를 받았다고 합니다. 김형석 교수님은 이 이야기를 듣고 나서 자신도 취학 통지서 받는 날을 기다리고 있다고 말했습니다. 우리도 이와 같은 꿈을 꿀 수 있습니다. 100세가 넘는 나이에 건강한 몸으로 취학 통지서를 받는 날을 꿈꿀 수 있습니다.

이희준 목사님이 『질그릇 속에 담긴 은혜』라는 책을 썼습니다. 목사님은 5번의 대수술을 거치며 죽음의 고비를 넘기고 3번의 유학 생활, 5번의 이민 목회, 2년 6개월의 개척 목회를 통해서 경험한 하나님의 은혜를 이 책에 담았습니다.

목사님은 강원도 동해 탄광촌에 4남매 중 장남으로 태어났는데 어린 시절부터 몸이 너무 약했습니다. 초등학교 6학년 때 위궤양으로 위의 반을 잘라내야 했습니다. 고등학교 1학년 때는 식도정맥류에 의한 출혈로 목숨이 위태롭게 되어 큰 수술을 받았습니다. 기적적으로 생명은 구할 수 있었지만, 인생에 대한 원망과 회의에 빠졌습니다. '내가 태어나서 담배도 피우지 않고 술 한 번 마시지 않았는데, 왜 내 위에 구멍이 나서 이렇게 죽어야 하는가?' 그는 고등학교를 자퇴하고 모든 것을 포기했습니다. 그러던 어느 날, 간경화로 죽어가던 고모가 그를 찾아와 이렇게 말했습니다. "너도 나처럼 예수 믿어라. 그러면 나와 같이 변화된 모습으로 살아갈 수 있다." 그는 고모를 따라 교회에 다니기 시작했습니다. 그리고 새벽 기도회에서 기도하다가 성령 충만을 체험했습니다. 그는 다음과 같이 고백합니다.

"어느 순간 난 그리스도인이 되어 있었습니다. 물과 성령으로 거듭난 새사람이 되었습니다. 절망과 원망과 어둠은 물러가고 희망과 꿈이 내 마음속에 잉태되기 시작했습니다. 하나님이 날 도와주시면 무엇이든지 할 수 있다는 자신감과 믿음이 생겨났습니다. 질병과 고난도 나를 구원하기 위한 수단이었다는 것을 깨닫고 나니 모든 것이 감사했습니다."

죽어가는 그에게 하나님이 꿈과 희망을 주셔서 다시 일으키신 것입니다. 이후 그는 목회자가 되겠다는 꿈을 갖고 신학을 공부하여 목사가 되었습니다. 미국에서 이민 목회를 하고 한국에 와서 개척 목회를 했으며, 현재는 북한 선교를 담당하는 기드온동족선교회 한국 지부장으로 하나님을 섬기고 있습니다.

인생을 포기했던 사람도 주님 안에서 꿈과 희망을 회복하고 다시 일어날 수 있습니다. 위대한 하나님의 일꾼이 될 수 있습니다. 그러므로 절대 포기하지 마십시오. 아무리 힘들고 어려워도, 아무리 몸이 아파도, 아무리 문제가 크다고 해도 믿음을 붙들고 일어납시다. 거룩한 꿈을 꾸고 그 꿈대로 하나님의 역사를 이루는 우리가 됩시다.

삶 속으로

Q 나는 하나님께 충성된 사람인가요? 하나님 앞에 성실과 정직과 근면으로 최선을 드리고 있는지 스스로 돌아봅시다.

Q 하나님이 주신 특별한 말씀이 있나요? 또한 하나님이 주신 말씀대로 행한 일이 있다면 적어봅시다.

1. 사람이 아닌 하나님께 일편단심으로 충성하라.
2. 하나님의 말씀 위에 굳건히 서서 말씀을 지켜 행하라.
3. 꿈을 바라보고 믿음으로 말씀을 성취하라.

> 여호수아처럼
> 살아봅시다!

11

#세상 #경외 #결단

양다리 신앙

하나님을 믿으면서도
세상의 삶을 좋아하는 크리스천이 있습니다.
하나님도 좋고 세상도 좋은 신앙,
이를 '양다리 신앙'이라고 부릅니다.
그러나 신앙은 나누어질 수 없습니다.

우리는 결단해야 합니다.
무엇을 섬기며 살아가야 할까요?

강하고 담대하라

그러므로 이제는 야훼를 경외하며 온전함과 진실함으로 그를 섬기라 너희의 조상들이 강 저쪽과 애굽에서 섬기던 신들을 치워 버리고 야훼만 섬기라 만일 야훼를 섬기는 것이 너희에게 좋지 않게 보이거든 너희 조상들이 강 저쪽에서 섬기던 신들이든지 또는 너희가 거주하는 땅에 있는 아모리 족속의 신들이든지 너희가 섬길 자를 오늘 택하라 오직 나와 내 집은 야훼를 섬기겠노라 하니 … 백성이 여호수아에게 말하되 아니니이다 우리가 야훼를 섬기겠나이다 하는지라 여호수아가 백성에게 이르되 너희가 야훼를 택하고 그를 섬기리라 하였으니 스스로 증인이 되었느니라 하니 그들이 이르되 우리가 증인이 되었나이다 하더라

_ 여호수아 24장 14-15절, 21-22절

세상 속에서 크리스천으로 살기

하나님만
섬기겠노라

사람들은 한평생 살아가면서 무언가를 섬기며 살아갑니다. 오늘날 사람들이 가장 많이 섬기는 것은 돈으로 대표되는 물질입니다. 돈만 있으면 모든 게 가능하다는 물질만능주의적 사고가 현대인들의 가치관 속에 깊이 뿌리내려 있기 때문입니다.

그러나 성경은 돈을 사랑함이 모든 악의 뿌리가 된다고 말씀합니다(딤전 6:10). 예수님은 하나님과 재물을 함께 섬길 수 없다고 말씀하시기도 했습니다(마 6:24). 돈 버는 것을 목표로 삼고 돈을 좇아 사는 것이 바로 돈을 사랑하고 섬기는 것입니다. 두려운 사실은 돈을 섬기는 삶과 하나님을 섬기는 삶이 결코 양립할 수 없다는 것입니다.

무엇을 섬기며 살아갈 것인가? 이 질문에 대한 답이 우리 인생의 끝을 결정합니다.

1. 우상을 제거하라

한 사람이 죽음을 앞두고 남기는 말에는 그의 일생의 가장 중요한 메시지가 담기곤 합니다. 구약성경에서 야곱, 모세, 다윗 등의 인물도 죽음을 앞두고 자녀들 또는 백성들 앞에서 중대한 유언을 남기고 세상을 떠난 바 있습니다.

여호수아 역시 죽음을 앞두고 이스라엘 백성에게 마지막 말을 남겼습니다. 여호수아가 이스라엘에 마지막으로 당부했던 말은 그들 가운데 우상을 제거하라는 것이었습니다.

> "그러므로 이제는 야훼를 경외하며 온전함과 진실함으로 그를 섬기라 너희의 조상들이 강 저쪽과 애굽에서 섬기던 신들을 치워 버리고 야훼만 섬기라"(수 24:14)

여호수아는 이스라엘 백성들을 너무나 잘 알았습니다. 입으로는 하나님을 섬긴다고 말하면서도 자신들의 이익을 위해 우상을 숭배하고, 죄로 인해 징계받으면 잠시 회개하는 듯하다가 또다시 죄를 짓는 모습을 많이 보았기 때문입니다.

게다가 이제 이스라엘 백성들이 들어갈 가나안 땅에는 각종 우상숭배가 만연했습니다. 그러기에 보이지 않는 하나님을 믿는 이스라엘의 신앙이 보이는 우상을 숭배하는 이방인들의 종교에 의해 흔들릴 위험이 있었습니다.

그러나 하나님은 시내 산에서 모세에게 십계명을 주실 때 하나님 외에 다른 신을 두지 말며 우상을 만들지도 섬기지도 말라고 강력하게 말씀하셨습니다.

"너는 나 외에는 다른 신들을 네게 두지 말라 너를 위하여 새긴 우상을 만들지 말고 또 위로 하늘에 있는 것이나 아래로 땅에 있는 것이나 땅 아래 물 속에 있는 것의 어떤 형상도 만들지 말며 그것들에게 절하지 말며 그것들을 섬기지 말라"(출 20:3-5)

사람이 우상의 형상을 만들고 그것을 섬기는 것은 사실 자신의 유익과 만족을 위함입니다. 사람은 우상을 섬기며 힘과 능력, 세상의 복과 부요함 등을 얻기를 기대합니다. 그래서 사실 우상이란 우상 그 자체보다도 자기 자신을 섬기기 위한 사람의 욕망이 만들어낸 결과물이라고 말할 수 있습니다. 이러한 우상은 고대 사회에만 존재했던 것이 아니라 오늘날에도 존재합니다. 우리가 유익을 얻기 위해 하나님보다 앞세우는 모든 것이 우상이라고 말할 수 있습니다. 돈, 인기, 명예, 부동산, 연예인, 자녀 자랑 등 우리의 눈과 마음이 향하는 그 무엇이든 우리의 우상이 될 수 있습니다. 그렇기에 우리는 자신이 우상으로 삼고 살아가는 것이 무엇인지를 잘 분별하고 경계해야 합니다.

또한 쉽게 화내고 소리 지르며 자기주장만 하며 남을 무시하는 사람이 있다면, 그는 자기 자신을 우상으로 섬기는 사람이라고 말할 수 있습니다. 주님만이 홀로 높임을 받으시고 경배받으셔야 하는데, 내가 그러한 대접을 받지 못한다고 분노한다면 나 자신을 우상으로 삼고 있음을 자각하며 회개해야 할 것입니다.

팀 켈러 목사님은 "모든 사람은 무엇인가를 숭배한다. 당신이 선택할 것은 무엇을 숭배할 것인가 뿐이다."라고 말하기도

했습니다. 특별히 우리 시대는 끊임없이 우리 안에 있는 욕망을 부추기며 자신을 숭배하도록 이끈다는 사실을 기억해야 합니다. 더 넓은 집, 더 좋은 차, 더 건강한 몸, 더 잘난 자녀들, 더 맛있는 음식 등 채우고 채워도 만족함이 없는 탐닉의 자리로 우리를 이끌어가는 것이 오늘날의 세상 문화입니다.

우리는 우리 안에 자리하고 있는 모든 우상을 제거하고, 하나님께 시선을 두고 그분만을 경배하는 삶을 살아야 합니다. 이러한 삶을 위해 우리가 모범으로 삼아야 할 분이 바로 예수님이십니다. 예수님은 이 땅에 오셔서 자기를 비우시고 죽기까지 하나님께 복종하셨습니다. 예수님이 사신 이러한 삶을 본받고 예수님이 가신 길을 우리도 따라가야 합니다.

"그는 근본 하나님의 본체시나 하나님과 동등됨을 취할 것으로 여기지 아니하시고 오히려 자기를 비워 종의 형체를 가지사 사람들과 같이 되셨고 사람의 모양으로 나타나사 자기를 낮추시고 죽기까지 복종하셨으니 곧 십자가에 죽으심이라"(빌 2:6-8)

이 시대의 우상을 제거하고 예수님의 길을 따라 오직 하나님만을 참되게 섬기는 이들을 통해 하나님의 나라는 확장될 것입니다.

2. 하나님만을 섬기라

누가복음에서 예수님은 더러운 귀신이 한 사람에게서 나갔다가 갈 곳이 없어 다시 그 사람에게로 돌아간 이야기를 말씀하신 적이 있습니다. 이때 귀신은 자기가 본래 거하던 곳이 깨끗하게 수리된 것을 보고 자기보다 더 악한 귀신 일곱을 데리고 들어가서 그 사람의 형편을 더 어렵게 만들어버렸습니다.

"더러운 귀신이 사람에게서 나갔을 때에 물 없는 곳으로 다니며 쉬기를 구하되 얻지 못하고 이에 이르되 내가 나온 내 집으로 돌아가리라 하고 가서 보니 그 집이 청소되고 수리되었거늘 이에 가서 저보다 더 악한 귀신 일곱을 데리고 들어가서 거하니 그 사람의 나중 형편이 전보다 더 심하게 되느니라"(눅 11:24-26)

예수님은 이 말씀을 통해 집을 청소하는 것도 필요하지만, 그 깨끗하게 된 집을 무엇으로 채우는지가 얼마나 중요한지를 알려주셨습니다. 자기 내면의 집을 텅 빈 채로 남겨둘 사람은 아무도 없습니다. 하나님이 주인이 되셔서 점령하시든지, 마귀에 의해 장악되든지 둘 중 한 상태가 될 뿐입니다.

귀신이 나갔다가 악한 일곱 귀신에 의해 지배받는, 오히려 이전보다 더 나쁜 형국이 된 까닭은 빈집에 하나님을 모시지 않았기 때문입니다. 마찬가지로 우리 삶에서 우상을 훼파하고 제거하는 것은 매우 중요한 일이지만, 그것으로 끝나는 것이 아닙니다. 우상을 제거한 우리 영혼이 하나님으로 채워지지 않고 비어있다면 그곳은 얼마 가지 않아서 또 다른 무언가로 채워지고 말 것입니다.

여호수아는 이스라엘 백성들에게 "너희의 조상들이 강 저쪽과 애굽에서 섬기던 신들을 치워 버리고 야훼만 섬기라"(수 24:14)라고 말했습니다. 이처럼 우상을 제거하는 것과 더불어 우리가 반드시 행해야 하는 일이 하나님 한 분만을 섬기는 것입니다. 하나님만이 우리 주인이 되셔서 우리의 삶을 다스리시고 우리의 모든 발걸음을 인도하시도록 해야 합니다.

카일 아이들먼 목사님은 『거짓신들의 전쟁』이라는 책에서 우리 마음이 거짓 신들의 전쟁터이며, 날마다 우리는 무엇을 섬기기로 선택할지를 정하는 기로에 선다고 말했습니다. 눈에 보이는 우상을 세워두고 그 앞에 가서 절을 해야만 그것이 우상을 숭배하는 것이 아닙니다. 우리의 마음을 장악하고 생각을 주도하며 삶의 가치관과 행동을 이끌어가는 것이 있다면 그것이 지금 내 마음에 자리한 나의 우상입니다.

우리는 이러한 우상들을 섬기며 살 것인지, 아니면 하나님 한 분만을 섬길지를 분명하게 결정해야 합니다. 여호수아 역시 사방으로부터 다가오는 우상숭배의 유혹 앞에서 하나님을 섬길 것인지 우상을 섬길 것인지 선택하라고 이스라엘을 향해 촉구했습니다.

> "만일 야훼를 섬기는 것이 너희에게 좋지 않게 보이거든 너희 조상들이 강 저쪽에서 섬기던 신들이든지 또는 너희가 거주하는 땅에 있는 아모리 족속의 신들이든지 너희가 섬길 자를 오늘 택하라 오늘 나와 내 집은 야훼를 섬기겠노라 하니"(수 24:15)

"나와 내 집은 야훼를 섬기겠노라"라는 여호수아의 선언에는 하나님 외에 다른 신을 자기 앞에 두지 않겠다는 결연한 의지가 담겨 있습니다. 이러한 단호한 결단과 고백이 우리에게도 있어야 합니다. 오직 하나님 한 분만 섬기는 그 자리에 하나님이 주시는 복과 평강이 임할 것입니다.

여호수아의 질문은 오늘날 주님과 세상 그 무엇 사이에서 머뭇머뭇하고 있는 우리를 향한 외침이기도 합니다. '하나님입니까, 성공입니까?' '하나님입니까, 돈입니까?' '하나님입니까, 명예입니까?' '하나님입니까, 안정적인 삶입니까?' 하나님과 맞대어 서 있는 이 모든 것들이 우리 마음의 우상임을 우리는 늘 간파하고 이 모든 것을 제거하는 가운데 오직 주님만을 섬길 수 있어야 합니다.

이스라엘 백성들은 "우리가 결단코 야훼를 버리고 다른 신들을 섬기기를 하지 아니하오리니"(수 24:16)라고 대답함으로써 오직 하나님만을 섬길 것을 약속했습니다. 하나님을 우리 삶의 최우선 순위로 둘 때 하나님이 주시는 형통의 복이 임합니다. 사람들이 우상을 통해서 얻고자 하는 능력, 번영, 권세, 명예 등의 참된 주인은 사실 하나님이십니다.

실제로 이스라엘은 하나님과의 바른 관계 속에 있었을 때 모든 차원에서 부족함이 없는 삶을 영위할 수 있었습니다. 오늘날 우리 그리스도인들의 인생도 매한가지입니다. 우리가 하나님이 아닌 다른 것들을 붙들고자 달려가면 모든 것을 잃어버리게 될 것이지만, 하나님을 붙들면 다른 모든 필요한 것들을 하나님이 넉넉하게 공급해주실 것입니다. 하나님의 통치를 먼저 구하면 다른 모든 것을 더해주실 것이라 하셨던 예수님의 음성을 다시금 기억해야겠습니다.

> "그런즉 너희는 먼저 그의 나라와 그의 의를 구하라 그리하면 이 모든 것을 너희에게 더하시리라"(마 6:33)

3. 하나님 말씀에 절대 순종하라

자기 삶에서 우상을 제거하고 하나님만을 섬기기로 작정한 사람이라 할지라도 인생을 살다 보면 수많은 유혹 앞에 노출되곤 합니다.

이스라엘 백성들 역시 하나님만 섬기겠다고 단언한 후에도 끊임없는 세상의 유혹으로 인해 넘어지고 또 넘어지는 실수를 반복하곤 했습니다. 하나님 외에 다른 우상을 섬기면 안 된다는 것을 알지만, 실제적인 삶 속에서는 강력한 유혹 앞에 속수무책이 되고 마는 것입니다.

올바른 결단을 내리고 그것을 의지적으로 지키려고 노력하는 것은 좋은 자세입니다. 그러나 자기 힘과 노력만으로 세상 유혹을 이기는 데는 한계가 있습니다. 우리가 하나님 앞에서 신앙을 지키며 거룩한 삶을 살기 위해 필요한 것은 날마다 우리 발걸음을 바른 방향으로 인도해주실 하나님의 말씀입니다.

말씀이 등불이 되어 인생의 길목마다 나의 발걸음을 비추고 내가 가야 할 길을 밝혀준다면 설령 나의 의지가 약할지라도 흔들림 없는 믿음의 여정을 마칠 수 있습니다. 자기 목전에 늘 하나님의 말씀을 두고 그 말씀에 순종하는 사람들에게 하나님은 세상이 줄 수 없는 복을 허락해주십니다.

이런 형통한 삶의 비결을 알았던 여호수아는 "너희의 마음을 이스라엘의 하나님 야훼께로 향하라"(수 24:23)라고 명령했고 이스라엘은 "우리 하나님 야훼를 우리가 섬기고 그의 목소리를 우리가 청종하리이다"(수 24:24)라고 화답했습니다.

이스라엘 역사가 녹아있는 구약성경을 보면 한 가지 중요한 신앙 원리를 발견할 수 있습니다. 그것은 바로 이스라엘이 하나님께 순종하는 길을 걸었을 때 항상 범사에 부족함이 없는 삶을 살았다는 것입니다. 영적으로 하나님과의 관계가 바르게 세워져 있으면 정치, 경제, 문화, 사회, 국방 등은 물론 심지어 집에서 키우는 가축들까지도 복을 받았습니다.

그러나 이스라엘이 하나님의 말씀을 청종하지 않았을 때는 가진 것조차 빼앗기고 고통과 절망과 가난의 삶을 살아야 했습니다. 이는 우리가 하나님의 말씀을 항상 우리 중심에 두고 하나님께 절대적으로 순종해야 함을 알려주는 중대한 신앙 원리라고 말할 수 있습니다.

자녀는 부모의 말에 담겨 있는 사랑과 지혜, 부모의 깊은 뜻을 다 헤아리지 못합니다. 그럼에도 부모는 자녀를 올바른 길로 이끌기 위해서 자녀가 들어야 할 말을 계속해서 합니다. 성경에 기록된 말씀이 바로 우리를 향한 하나님 아버지의 음성입니다. 이스라엘 백성처럼 우리도 종종 하나님의 뜻을 알지 못하고 그 말씀에 불순종하지만, 하나님은 우리 삶을 복된 길로 인도하시기 위해 말씀 주시기를 멈추지 않으십니다. 우리는 이러한 하나님 아버지의 마음을 알아 늘 말씀을 가까이하고 말씀에 순종하는 길을 걷는 성숙한 그리스도인들이 되어야 합니다.

일평생 아버지 하나님께 순종하는 삶을 보여주셨던 예수님의 모범은 오늘날 영적 가나안 땅인 천국을 향해 순례하는 모든 그리스도인의 귀감이 됩니다. 비록 우리의 성정과 육신은 연약하여 흔들릴 때도 많지만, 하나님이 주신 말씀을 따라 하루하루 순종의 길을 걸어간다면 여호수아와 같이, 이스라엘 백성과 같이 마침내 약속하신 땅에 들어가게 될 것입니다.

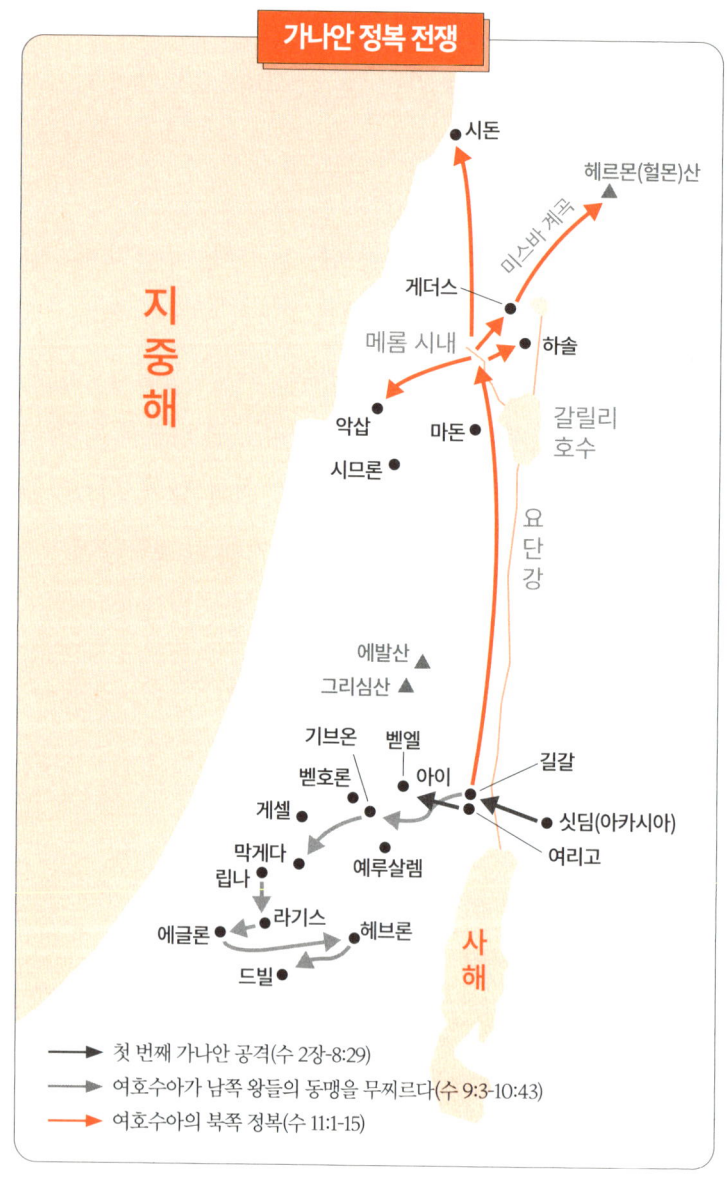

삶 속으로

Q 현대 사회에는 보이는 우상뿐만 아니라, 보이지 않는 수많은 우상이 도사리고 있습니다. 내 눈과 마음을 사로잡은 우상이 있었나요? 그것은 내 삶에 어떤 영향을 끼쳤나요?

___

___

___

Q 마음으로부터 우상을 제거하고 하나님만을 잘 섬기겠다고 다짐해도 넘어질 때가 많습니다. 말씀에 순종하는 삶을 살기 위해 내가 지금 해야 할 것은 무엇일까요?

___

___

___

1. 이 시대 내 눈과 마음을 사로잡는 우상을 제거하라.
2. 하나님 한 분만을 내 삶의 주인으로 인정하고 섬기라.
3. 항상 말씀을 인생의 등불로 삼아 절대적으로 순종하라.

부록

여호수아처럼 살아보기

하나님은 가나안 땅을 앞에 두고 여호수아를 지도자로 세우셨습니다. 그에게 사명을 주셨고 그의 지도하에 마침내 이스라엘 백성들을 가나안 땅으로 들어가게 하셨습니다.

오늘날에도 하나님은 여호수아를 찾고 계십니다.
이젠 우리도 여호수아처럼 광야의 삶을 끝내고 하나님이 예비하신 약속의 땅으로 가야 할 때입니다.

요단강을 건너고,
여리고 성을 무너뜨리고,
앞길을 가로막는 적들을 물리치고,
태양을 멈춰 세워서라도 믿음으로 나아가야 합니다.

이 시대의 여호수아가 되기로 결단합시다.
지금부터라도 여호수아를 본받아 믿음의 전진을 합시다.

여호수아처럼 살아보기, 시작해볼까요?

Step 1
믿음의 전진을 위한 점검

군인들이 행군하기 전에 꼭 필요한 일이 점검입니다.
믿음의 전진도 마찬가지입니다.

나에게 부족한 점, 잘못된 점이 무엇인지 알고
고쳐나가는 것이 무엇보다 중요합니다.

다음 점검표를 통해 나의 신앙생활을 점검해봅시다.

1) 예배 점검표

나의 예배 모습은 어떤가요?	그렇다			아니다
	항상	보통	가끔	
나는 주일에 다른 일정보다 예배를 최우선에 둡니다.	○	○	○	○
나는 예배에 늦지 않습니다.	○	○	○	○
나는 예배 시작 전에 핸드폰을 끄거나 진동모드로 해둡니다.	○	○	○	○
나는 예배 중에 졸거나 다른 사람과 잡담하지 않습니다.	○	○	○	○
나는 예배 중에 핸드폰을 보지 않습니다.	○	○	○	○
나는 예배의 마지막까지 자리를 뜨지 않습니다.	○	○	○	○

Step 1
믿음의 전진을 위한 점검

2) 기도 점검표

나는 어떻게 기도하고 있나요?	그렇다			아니다
	항상	보통	가끔	
나는 하루 중 시간을 정하여 기도합니다.	○	○	○	○
나는 식사 시간에 항상 식사 기도를 드립니다.	○	○	○	○
나는 문제가 있을 때 먼저 하나님께 나와 기도합니다.	○	○	○	○
나는 방언으로 기도합니다.	○	○	○	○
나는 날마다 나를 돌아보고 회개기도를 드립니다.	○	○	○	○
나는 잠들기 전에 하루를 돌아보며 기도합니다.	○	○	○	○

3) 말씀 점검표

나의 말씀 생활은 어떤가요?	그렇다			아니다
	항상	보통	가끔	
나는 하루에 한 번은 반드시 성경 말씀을 읽습니다.	○	○	○	○
나는 말씀을 읽는 것이 즐겁습니다.	○	○	○	○
나는 기도할 때 말씀을 붙들고 기도합니다.	○	○	○	○
나는 말씀을 암송하려고 노력합니다.	○	○	○	○
나는 말씀을 실천하려고 노력합니다.	○	○	○	○
나는 매년 성경 일독을 합니다.	○	○	○	○

Step 1
믿음의 전진을 위한 점검

4) 헌금 점검표

나는 어떻게 헌금을 드리나요?	그렇다			아니다
	항상	보통	가끔	
나는 십일조를 드립니다.	○	○	○	○
나는 예배를 위한 헌금을 미리 준비합니다.	○	○	○	○
나는 하나님이 주신 복에 감사하여 예물을 드립니다.	○	○	○	○
나는 기쁨으로 하나님께 예물을 드립니다.	○	○	○	○
나는 하나님이 나의 헌금을 통해 일하심을 믿습니다.	○	○	○	○

5) 생활 점검표

나의 생활 모습은 어떤가요?	그렇다			아니다
	항상	보통	가끔	
나는 언제 어디서나 크리스천이라고 당당하게 말합니다.	●	●	●	●
나는 과거에 집착하지 않습니다.	●	●	●	●
나는 긍정적으로 생각하고 말하는 편입니다.	●	●	●	●
나는 상황이 바뀌지 않아도 먼저 입술로 믿음을 선포합니다.	●	●	●	●
나는 새로운 도전을 두려워하지 않습니다.	●	●	●	●
나는 일평생 하나님만 섬길 것입니다.	●	●	●	●

Step 2
믿음의 전진을 위한 결단

내가 이런 모습이면 좋겠다고 막연하게 생각하는 것보다 나의 결심을 글로 적어보는 것이 좋습니다. 글로 적을 때 내 생각이나 소망이 더욱 분명해집니다.

특히 앞에서 작성한 점검표 가운데 나의 부족한 점을 발견했다면 그것을 어떻게 고쳐나갈 수 있을지를 구체적으로 적어봅시다.

Step 3
믿음의 전진을 위한 기도

우리가 아무리 마음을 단단히 먹어도 시간이 지나면 그 결심이 약해지거나, 상황으로 인해 포기할 수도 있습니다. 그렇기에 우리는 늘 하나님의 도우심을 구해야 합니다.

> "너의 행사를 야훼께 맡기라 그리하면 네가 경영하는 것이 이루어지리라"(잠 16:3)

> "사람이 마음으로 자기의 길을 계획할지라도 그의 걸음을 인도하시는 이는 야훼시니라"(잠 16:9)

그동안 작심삼일로 인해 포기하는 일들이 많았다면 더욱 매일매일 기도해야 합니다. 우리가 기도할 때 하나님이 우리의 마음을 굳게 붙들어주시고 우리의 발걸음을 인도해주실 것입니다.

나의 약한 점을 고백하고,
하나님의 도우심을 구하는 기도를 적어보세요.

> 우리도
> 여호수아처럼
> 살아봅시다!